# Henri Faugeras

# Les Juifs
## Peuple de Proie

Augmentée de 11 illustrations et 2 annexes

the Savoisien & Baglis
2020

Copyright Avril 1943

PARIS

"LES DOCUMENTS CONTEMPORAINS"
55, Avenue des Champs-Élysées

Paris. – Éditions Le Pont

sur les presses de l'imprimerie Kapp à Vanves (Seine) 31-0915
N° d'autorisation : 15.391

Première édition numérique : 21 décembre 2009

*the Savoisien & Lenculus*

ÉDITION ORIGINALE NON CENSURÉE

*Exegi monumentum ære perennius*
Un Serviteur Inutile, parmi les autres

Scan, ORC, Correction
Lenculus
Mise en page
**14 Février 2020**
Baglis
Pour la Librairie Excommuniée Numérique des CUrieux de Lire les USuels

*Le peuple juif est l'ennemi héréditaire de tous les peuples.*

## LE JUIF EST AU CENTRE DE TOUS LES PROBLÈMES DE L'HEURE

Derrière toutes les forces occultes ou manifestes qui ont précipité la France dans le désastre actuel et s'opposent aujourd'hui à son redressement, ou même, par le moyen des armées russe et anglo-saxonne, mènent la guerre contre l'Europe nouvelle, se tiennent les Juifs : Juives l'exploitation et la déviation frauduleuses de l'idéologie démocratique, juive la Franc-Maçonnerie, juif le communisme marxiste, juif le capitalisme de spéculation, juifs — ou enjuivés et aux gages des Juifs — les hommes politiques qui gouvernent à Moscou, à Washington, à Londres.

Les Juifs sont au centre de tous les problèmes intéressant l'Europe et notre Révolution Nationale. Le passé contient et conditionne le présent, comme le présent contient lui-même et conditionne l'avenir. Il est donc d'un intérêt capital et tout actuel d'étudier dans l'Histoire universelle et plus particulièrement dans notre propre histoire les progrès d'une activité juive dont nous constatons l'épanouissement dans toutes ces forces malfaisantes qui convergent et menacent aujourd'hui de dominer le Monde.

Incapables d'aucun travail productif, se croyant prédestinés par Dieu à l'Empire temporel du Monde, les juifs veulent, conformément à l'instinct uniquement destructeur de leur race, asseoir cet Empire sur la destruction préalable de tout ordre établi, et cette destruction constitue le but exclusif de leurs efforts. Nous voyons ainsi, à travers l'Histoire, les Juifs vivre en parasites des autres peuples, inspirer tous les dogmes de décadence, animer toutes les forces de subversion.

De cette action destructive, les guerres et les révolutions, « *Ces moissons des Juifs* », comme l'écrit le ministre anglais juif Disraeli, sont les moyens essentiels : Avant même la Diaspora, le peuple juif autonome en Asie massacrait des peuples entiers plus faibles pour s'en approprier les biens, et ses colonies, par des émeutes répétées, ruinaient le bassin oriental de la Méditerranée ; Dans la suite, essaimant par le monde et plus spécialement par le monde aryen, les Juifs ont proliféré à la manière d'un cancer dévorant : Tout à la fois s'efforçant à leur œuvre destructrice, poursuivant d'une haine atavique et sacrée les sectateurs d'un Christ qu'ils avaient crucifié, épuisant à leur profit la substance des peuples.

Pendant douze siècles, les peuples chrétiens furent défendus contre les Juifs par leurs papes et rois autocrates. Mais, grâce à un lent travail de désagrégation morale et politique, ils réussirent à faire triompher à partir de 1789 une idéologie démocratique que depuis un siècle, et plus spécialement depuis vingt-cinq ans, ils exploitent à fond d'une part sous la formule du capitalisme de spéculation, d'autre part sous la formule du communisme marxiste qui est l'expression militante de leur volonté d'une domination universelle, suprême enjeu de la guerre déclenchée par eux en 1939.

Trois mille ans d'histoire démontrent la rigoureuse continuité de leur action dans ses principes, son but, ses moyens, mettent en évidence sa réalité, son mécanisme et son effroyable malfaisance.

Puisse la brève synthèse de cette histoire permettre à tous les Français d'en connaître et retenir les sévères leçons !

— Imbossible mon ami te vous tonner guelgue ghose, che n'ai gue de pon bièces.

# LES JUIFS CHEZ EUX
# ET DANS LE MONDE ANTIQUE

## LA RACE

LES Juifs sont issus d'un triple métissage : D'abord un croisement originel sémite-mongol en Asie centrale (dans les chaînes de l'Altaï), puis un deuxième croisement, nègre celui-là, du peuple métis ainsi créé. Dans la suite des temps, de nouveaux métissages ont particularisé certaines variétés de la race juive primitive, sans en modifier d'ailleurs le caractère profond dès lors fixé (Juif askénasique de l'Europe centrale, Juif séphardique de l'Afrique du Nord et de l'Espagne, Juif Gerim et Khasar de Russie, Juif Falasha d'Abyssinie, Juif négroïde du Sénégal, Juif de l'Inde, Juif babylonien, Juif chinois). Ainsi, blancs, jaunes, noirs confondent dans la variété raciale juive leurs caractéristiques souvent opposées, mais sans les fusionner, d'où un déséquilibre initial réalisant la sommation des défauts et des tares des races composantes : « *Les familles israélites nous présentent en matière de folie les plus beaux sujets que l'on puisse imaginer* », écrit le Professeur Charcot.

L'anthropologie nous montre un unique deuxième cas de triple métissage : Les Zambaïgos d'Amérique du Sud croisés blancs d'Europe, rouges d'Amérique, noirs d'Afrique ; Ce sont des êtres pervers et féroces, totalement déséquilibrés dont il est dit :

« *Dieu a créé l'Indien et le Nègre, mais c'est le Diable qui a produit le Zambo.* »

Le caractère racial le plus apparent chez le Juif est le caractère négroïde : Développement précoce, cheveux fréquemment crépus, nez épais, lèvres charnues. A ce caractère s'ajoutent le teint olivâtre et les pommettes saillantes du Mongol, les pieds plats et les mollets maigres du Sémite. Le Juif subit par ailleurs les atteintes des maladies spéciales aux espèces dégénérées, en particulier névrose et déséquilibre mental.

L'Homme blanc est équilibré, constructeur ; « *Le Nègre est un enfant même dans son âge mûr, le Mongol un vieux même dans sa jeunesse* ». Le Juif, désaxé physique, mental et moral, du fait de son triple métissage, sera essentiellement un destructeur. Son comportement procède de ses origines raciales, mais en les dénaturant. La hâblerie du nègre devient chez le Juif imposture et astuce, son désir naïf de jouissance devient égoïsme féroce, son immoralité spontanée devient amoralité insolente, sa paresse devient volonté absolue de refuser tout travail réel : Arrogant et servile, rapace et prodigue, orgueilleux, féroce, lâche, passionné jusqu'à la fureur, toujours instable et pervers, mais ayant hérité du sang mongol une inlassable patience, une indomptable ténacité, un sens psychologique aigu, une absence totale d'idéalisme. Si la perversion et la férocité de son égoïsme font du Juif un destructeur, ces mêmes vices lui imposent le conservatisme absolu de tout ce qui lui apparaît comme un bien propre, et d'abord de sa race et de sa tradition, religion, race, nation constituant un tout indivisible.

Avec cela, peuple sans art, sans technique, sans culture, « *le peuple le plus grossier et le plus imbécile de la terre* », dit Voltaire. La langue juive originelle, l'Hébreu, est un mélange barbare de langues asiatiques, si rudimentaire qu'elle ne présente que deux temps dans la conjugaison des verbes, qu'elle ne comporte même aucun mot signifiant école. Le seul monument historique du peuple juif, le Temple de Jérusalem, dut être construit par des ouvriers étrangers que fit venir Salomon.

> « *La race juive, écrit Renan, se reconnaît presque uniquement à des caractères négatifs ; Elle n'a ni mythologie, ni épopée, ni science, ni philosophie, ni fiction, ni arts plastiques, ni vie civile ; En tout, absence de complexité, de nuances, sentiment exclusif de l'unité.* »
>
> « *Vous ne trouvez dans les Juifs,* dit de son côté Voltaire, *qu'un peuple ignorant, paresseux et barbare qui joint depuis longtemps la plus indigne avarice à la plus détestable superstition et à la plus horrible haine pour tous les peuples qui les tolèrent et qui les enrichissent.* »
>
> « *Ils sont,* ajoute-t-il, *les ennemis naturels du genre humain. Ce n'est pas l'effet d'un mot d'ordre mystérieux qu'en tous temps et en tous lieux ils ont été en horreur à tous les peuples qui les ont admis.* »

Livré à lui-même, le peuple juif, uni dans ses communautés raciales, ne dépassa jamais le stade du ghetto, ghetto des pays latins et slaves et mellah de l'Afrique du Nord où, « *dépenaillés, teigneux, amorphes, rachitiques, les Juifs traînent par les rues de leurs taudis leur indolence nostalgique et leur incurable horreur du travail manuel* », mais, toujours prêts à foncer sur une proie, à exercer ces instincts de vautour dénoncés par le Général Marbot pendant la campagne de Napoléon I$^{er}$ en Russie :

> « *A peine étions-nous hors de Wilno, écrit-il dans ses mémoires, que les infâmes Juifs se ruèrent sur les Français (blessés et malades demeurés dans la ville) pour leur soutirer le peu d'argent qu'ils avaient ; ils les dépouillèrent de leurs vêtements et les jetèrent par un froid de 30° tout nus par les fenêtres* ».

Moïse, le législateur hébreu, a formulé au peuple juif dans le Deutéronome le but racial de son action :

> « *Tu posséderas grandes et bonnes villes que tu n'auras pas bâties, maisons pleines de toutes sortes de biens que tu n'auras pas remplies, citernes que tu n'auras pas creusées, vignes et oliviers que tu n'auras pas plantés.* »

Et le juif Maurice Samuel constatait en 1924, trois mille cinq cents ans plus tard, les circonstances et moyens de cette action :

> « *Entre les Gentils et nous il y a un abîme. Les Juifs forment le plus raciste de tous les peuples. Nous Juifs, destructeurs, resteront éternellement des destructeurs. Rien de ce que vous ferez ne satisfera à nos besoins et à nos demandes. Nous détruirons toujours parce que nous voulons un monde à nous seuls.* »

## LA NATION

Dès l'origine de son histoire, le peuple juif s'affirma tel que Voltaire le dépeint :

*« Les Hébreux ont presque toujours été errants ou brigands, esclaves ou séditieux. »*

Éternel nomade, il ne se fixa jamais :

*« Le Juif n'est d'aucun pays que de celui où il gagne de l'argent »*, dit encore Voltaire.

Le peuple juif, originaire de l'Asie Centrale d'où il fut chassé par quelque roi mongol, fut d'abord une communauté autonome errant en Arabie au long des routes, attaquant à l'improviste de petits peuples agricoles qu'il massacrait pour pouvoir s'en approprier les biens. Après consommation des biens volés, il reprenait sa vie nomade, en quête de nouvelles razzias.

Là où il ne pouvait vaincre par la force, il agissait par infiltration. Ainsi, Abraham, avec un petit groupe d'Hébreux, entra en Égypte. Il fut bien accueilli du Pharaon auquel il vendit sa femme Sarah (qu'il fit passer pour sa sœur) ; D'autres Juifs vinrent et s'installèrent à sa suite. Mais les Égyptiens, après avoir éprouvé leur malfaisance, les chassèrent. Ils partirent donc, mais non sans avoir massacré quantité de leurs hôtes qu'ils dépouillèrent de leurs vêtements et de leurs vases d'or et d'argent. Et ce fut, sous la conduite de Moïse, l'exode vers « la terre promise », l'établissement en Palestine après avoir, en passant, et pour remplir leurs besaces déjà traditionnelles, effectué la prise et le sac de la ville de Jéricho : Là, nous dit la Bible, les Juifs tuèrent tous êtres vivants, hommes, femmes, enfants, animaux, et même, pour prolonger le carnage, Josué arrêta le soleil dans sa course.

En Palestine, ils guerroyèrent fréquemment et furent fréquemment asservis. Mais ils réussirent aussi fréquemment par la ruse à dominer leurs vainqueurs. Ainsi, Mardochée sut, en soudoyant le gardien des concubines royales, faire admettre sa nièce Esther (dont l'origine juive fut d'ailleurs camouflée) dans le lit d'Assuérus, roi des Perses. Devenue favorite, puis reine, Esther, guidée par Mardochée, favorisa l'emprise juive, provoquant une réaction des Perses nationalistes. Et Mardochée, grâce à ses intrigues auprès du roi abusé, fit massacrer quelques dizaines de milliers de Perses coupables d'avoir voulu s'opposer aux exactions des Juifs.

L'anniversaire de ce jour sanglant est le *Pourim*, célébré depuis lors comme une grande fête nationale et religieuse de réjouissance.

Des juges, puis des rois régnèrent successivement sur la Palestine qui, finalement conquise par Rome, devint, sous le nom de Judée, province romaine. Les Juifs se révoltèrent à plusieurs reprises et par ailleurs, leurs discordes civiles étaient incessantes. Pour les mater définitivement, l'Empereur romain Titus détruisit, en l'an 70 après Jésus-Christ, leur capitale Jérusalem et leur Temple reconstruit par Hérode à l'emplacement même du Temple de Salomon.

Ce fut alors la Diaspora : Les Juifs se dispersèrent à travers le monde, mais tout en continuant de former une nation unique, et conservant au profond de leurs cœurs leurs traditions religieuses représentées par leur Histoire (la *Thora*, qui constitue les cinq premiers livres de la Bible) et les lois de leurs prêtres (le *Talmud*).

## LES COLONIES JUIVES DU PROCHE-ORIENT

Avant même cette dispersion universelle, de nombreuses colonies juives de trafiquants s'étaient établies dans tout le Proche-Orient. Les colonies d'Antioche et d'Alexandrie ne cessèrent pendant plusieurs siècles de fomenter la rébellion et par une action révolutionnaire continue désagrégèrent les deux grands Empires des Séleucides et des Ptolémées. La domination romaine n'apaisa point la malfaisance des Juifs. Sous le règne de l'Empereur Trajan, une suite d'émeutes organisées par eux ravagea tout le bassin de la Méditerranée orientale : L'Égypte, la Crète, Chypre, la Cyrénaïque. En Cyrénaïque —dont les habitants furent affamés par les Juifs spéculant alors sur le sylphium, sorte de chou très apprécié à l'époque, comme Louis-Louis Dreyfus devait plus tard dans la France de 1936 spéculer sur les blés — les Juifs massacrèrent 200.000 Grecs ou Romains et dévastèrent totalement le pays qui, depuis cette époque, demeura désertique, abandonné aux Bédouins nomades. Chypre et la Crète, ces berceaux des antiques civilisations méditerranéennes, ne se relevèrent jamais de leurs ruines.

Dès leurs premiers contacts avec les autres peuples, les Juifs manifestèrent ainsi dans le monde gréco-romain leur puissance destructrice : L'avenir dès lors devant confirmer et répéter le passé.

---

## LA RELIGION ET LA MORALE

Ce sont les traditions religieuses de la *Thora* et du *Talmud* qui, maintenues à travers les siècles, constituent l'unité profonde et la force du peuple juif. La Bible déclare que Dieu a fait au peuple juif promesse de son alliance, promesse d'abord formulée à Abraham, puis confirmée à Isaac et à Jacob. Les Juifs se sont donc proclamés peuple élu, peuple de Dieu, comme Dieu, qu'ils s'annexaient, devenait le Dieu des Juifs. Dieu étant saint, le peuple juif est devenu le peuple saint, la Terre juive la Terre Sainte et l'Histoire juive l'Histoire Sainte.

Voici quelques-unes des maximes de leur code moral (le *Talmud*) :

« *Les Juifs auront l'Empire temporel sur le monde entier.* »

« *Il est permis de mentir à un non-Juif.* »

« *Les biens des non-Juifs sont des choses sans maître : Elles appartiennent au premier Juif qui passe.* »

« *Celui qui fait couler le sang des non-Juifs offre un sacrifice à Dieu.* »

« *Les non-Juifs n'ont été créés que pour servir les Juifs jour et nuit sans qu'ils puissent quitter leur service.* »

« *Le Juif est autorisé à se moquer du Dieu non-Juif.* »

*« La femme du non-Juif est faite pour les plaisirs du Juif. »*

*« Si un Juif voit un chrétien sur le bord d'un précipice, il est tenu de l'y précipiter aussitôt. »* (Cette dernière maxime édictée par un Juif du XVIe siècle, Sixte de Sienne, dans ses commentaires du *Talmud*.)

L'ignominie d'une telle morale est unique dans les Annales des Peuples.

La loi juive n'impose pas seulement le maintien des traditions, elle impose aussi le maintien de la pureté de la race, de cette race élue de Dieu. Tous mariages mixtes sont sévèrement interdits. La Bible nous montre Néhémie apostrophant les Juifs qui avaient osé ramener de Babylone en Palestine des épouses étrangères ; Il maudit les coupables, leur arrache les cheveux et, bien entendu, chasse les intruses.

Par ailleurs, le culte antique du Moloch phénicien survécut toujours dans Israël. Le Pentateuque dénonce cet instinct racial sanguinaire des Hébreux qu'il met en garde contre l'habitude atavique de boire du sang chaud devant les autels divins. Les innombrables assassinats rituels, en particulier d'enfants, commis tout au long du Moyen Age et jusque de nos jours, manifestent la permanence de ces sombres traditions.

### LE DROIT D'ACCROISSEMENT

— *Vous pouvez digérer tranquillement les biens que vous avez si noblement acquis, M. Le Baron, nous avons ici une mine de ressources, le pain des pauvres.*

> « *Les Juifs auront l'Empire temporel sur le monde entier.* »
>
> (Talmud.)

## LES JUIFS CHEZ LES ARYENS

### AVANT 1789

Aussitôt après la destruction de Jérusalem par Titus, quarante ans après avoir crucifié le Christ, les Juifs se dispersèrent à travers le monde. Mais avant même cette dispersion ils étaient déjà nombreux à Rome et dans tout le bassin de la Méditerranée.

Les premières persécutions contre les chrétiens furent instaurées par Néron à l'instigation de son conseiller le juif Attilius et de sa favorite la juive Poppée. Mahomet fut assassiné par la juive Zeinad. Les Juifs purent ainsi se glorifier d'offrir à leur Dieu le sang des premiers martyrs du Christ et du premier prophète d'Allah et ce furent là les sanglantes prémisses de leur activité dans l'histoire universelle.

Dès l'année 625, Mahomet les stigmatisait en ces termes :

> « Je ne m'explique pas qu'on n'ait pas depuis longtemps chassé ces bêtes malfaisantes qui respirent la mort ! Est-ce qu'on ne tuerait pas immédiatement des bêtes qui dévoreraient les hommes, même si elles avaient forme humaine ? Que sont les Juifs sinon des dévorateurs d'hommes ! »

Les Juifs ne voulaient être ni artisans, ni laboureurs, ni soldats ; Ce fut donc par les seuls moyens talmudiques de la fraude, de la concussion, du vol, par l'exploitation impitoyable des aryens, qu'ils s'efforcèrent d'épuiser à leur profit la substance des peuples.

> « Les Juifs (de Pologne), écrivait le Prince de Ligne, font les aristocrates quand les gentilshommes leur afferment leurs terres. Ils y exercent des tyrannies affreuses, ne parlant aux paysans que le fouet à la main. »

Et le corps des marchands de Paris s'exprimait ainsi en 1760 dans une requête au roi :

> « On peut les comparer à des guêpes qui ne s'introduisent dans les ruches que pour tuer les abeilles, leur ouvrir le ventre et en tirer le miel qui est dans leurs entrailles. »

Les premières réactions des peuples exploités furent rudes.

En 1221, le pape Honorius III oblige les Juifs à porter un insigne distinctif et leur interdit l'accès des fonctions publiques. Par la suite, de nombreux papes prirent contre eux diverses mesures, en particulier leur défendirent l'emploi de domestiques chrétiens, l'exercice de certaines professions, la cohabitation avec des chrétiens, la possession d'immeubles.

Au XVIᵉ siècle, le Pape Paul IV, désirant les séparer définitivement des Aryens, les obligea à se confiner dans leurs ghettos, quartiers spéciaux des villes où les maintenaient déjà groupés et séparés leur dédain des étrangers et leurs affinités raciales. Dans toute l'Europe, les rois durent prendre des mesures de défense analogues ou même les expulser.

En France, Saint Louis leur imposa en 1229 le port de la rouelle sur les habits. Philippe le Hardi, en 1271, Philippe V le Long en 1316, Jean II le Bon en 1362, Charles V le Sage en 1372 confirment cette mesure et limitent leurs activités ; De même, sous des formes diverses, doivent agir pour protéger leur peuple Louis XIII, Louis XIV, Louis XV, Louis XVI. Des décisions d'expulsion générale furent décrétées par Dagobert en 630, Philippe-Auguste en 1181, Philippe le Bel en 1306, Charles le Bel en 1323, Charles VI en 1396.

Les Juifs avaient commencé de pénétrer en France avec les légions de Jules César qu'ils accompagnaient pour trafiquer. Nombre d'entre eux s'installèrent dans les postes administratifs du pays, principalement comme collecteurs d'impôts de guerre. Ces premiers Juifs furent naturellement suivis de beaucoup d'autres qui envahirent particulièrement le Languedoc, cette « *Judée de la France* », dit Michelet.

Mais, constamment traîtres au pays qui les accueille, ils aident en 628 les Sarrazins à conquérir Béziers, Narbonne et Toulouse. En 711, ils appellent les Musulmans en Espagne. En 848, ils aident les Normands à s'installer à Bordeaux, En 887, le roi Charles le Chauve est assassiné par son médecin le juif Sédécias. En 1190, les Juifs déclenchent la révolte des Albigeois, longuement préparée dans les écoles rabbiniques ; cette révolte fut une véritable tentative de sécession d'un Midi noyauté par les Juifs et dût être durement réprimée par un Nord demeuré aryen, créateur et mainteneur de l'unité française. Pour résister aux injonctions royales ou pontificales, ils jouèrent pendant tout le Moyen Age de la conversion au christianisme. Ils se faisaient baptiser et l'Église, abusée, croyait faire œuvre pie en essayant de ramener à son Dieu ces âmes demeurées diaboliques. Saint Louis accepta la conversion de 800.000 d'entre eux. C'est ainsi que de nombreux Juifs infectèrent la Chrétienté et polluèrent notre race, sémitisant certaines de nos populations méridionales où se recrutèrent constamment depuis lors les pires éléments de destruction révolutionnaires. La Révolution de 1789 faillit même consacrer la dictature sémite du Midi sur le Nord aryen, lorsque les Fédérés Marseillais eurent réussi à imposer à Paris le régime sanglant de la Terreur.

Malgré toutes mesures de défense, l'infection juive n'en pénétrait pas moins dans le monde chrétien et cette pénétration progressive fut pour partie le fait involontaire et même inconscient de l'Église qui ne sut pas se dégager du primitif décor judaïque enveloppant ses origines.

Le christianisme avait paru adopter à travers l'Évangile la loi de Moïse !

Tragique imposture juive !

La loi de Moïse ne s'applique qu'aux Juifs et d'aucune manière aux non-Juifs qui ne sont que « *semence de bétail* ». Le Christ en étendant une même loi morale à tous les hommes indistinctement, en prêchant l'amour et l'humilité entre les hommes, s'opposait absolument au judaïsme.

Né en Galilée aux confins de la Judée, le Christ, sujet juif, n'était vraisemblablement pas de race juive ; Les Juifs font d'ailleurs désavoué et crucifié, leur Talmud le dénomme tantôt « *le pendu* » (*Sanhedrin* 43a), tantôt « *le fils de la prostituée Stada* » (*Schabbath* 104b). On a pourtant cru plus ou moins, par une effroyable méprise, que la doctrine de Jésus prolongeait le dogme juif alors qu'elle lui est totalement contradictoire, et la Bible, histoire nationale du peuple juif, histoire sainte des Juifs — où il n'est même pas parlé d'une vie future qui est le fondement du Christianisme — est devenue l'histoire sainte des Chrétiens. Et, dans le cadre de ce décor biblique, toutes œuvres d'art religieuses créées par le génie aryen et chrétien, cathédrales, statues, tableaux, glorifient des héros juifs.

Le protestantisme, en revenant à la Bible judaïque dégagée des exégèses catholiques, s'est encore rapproché du Judaïsme. Ainsi donc, peu à peu, la religion juive qui outrage pourtant toutes les autres religions et dont la morale autorise et même recommande vis-à-vis des non-Juifs tous les crimes, est apparue comme une religion fraternelle dont les prêtres peuvent dans les cérémonies officielles des nations modernes marcher la main dans la main avec les prêtres du Christ ! C'est là le sens du drame millénaire de la lutte menée contre la Chrétienté par Israël, le Chrétien appliquant au Juif la loi du Christ, le Juif appliquant au Chrétien la loi du Talmud.

### L'ÉQUITABLE JUSTICE

Le Président. — *Vous êtes inculpé de mendicité. Des agents vous ont vu demander l'aumône.*

Le Prévenu. — *Hélas ! Je mendie parce que je ne peux pas travailler. Je suis complètement aveugle.*

Le Président. — *Le Tribunal après en avoir délibéré ... condamne le prévenu à un mois de prison.*

# LA JUDÉO-DÉMOCRATIE

## LA RÉVOLUTION DE 1789

Pour obtenir leur émancipation de la rude tutelle que les papes et les rois leur avaient sagement imposée, les Juifs ne cessaient d'invoquer auprès des Chrétiens l'égalité spirituelle et morale des hommes, la loi d'amour, prêchées par l'Évangile dont ils avaient pourtant naguère crucifié le divin Messager. Et de nombreux prêtres français, abusés, écrivirent en leur faveur : Le Père d'Houbigaud en 1753, l'abbé Deschamps en 1760, l'abbé Belot en 1769, l'abbé Rondet en 1778 essaient par des opuscules et dissertations diverses de créer un mouvement d'opinion qui leur soit favorable : C'est même un prêtre de race juive, l'abbé Grégoire, qui se fit leur défenseur attitré à l'Assemblée Constituante de 1789 :

> « *Ministre d'une religion qui regarde tous les hommes comme des frères, plaida-t-il, j'invoque l'intervention de l'Assemblée en faveur d'un peuple proscrit et malheureux* ».

Par ailleurs, les Anglo-Saxons, protestants tout pénétrés de l'influence biblique, se trouvaient plus particulièrement en état de moindre résistance et furent dociles aux intrigues juives. C'est ainsi que, sous le couvert de l'idéologie chrétienne d'égalité des races elle-même animatrice indirecte d'une idéologie puritaine de justice sociale d'ordre divin, sous le couvert de l'idéologie philosophique du XVIII$^e$ siècle, les Juifs s'infiltrèrent d'abord dans la société et la franc-maçonnerie anglaises, puis dans la société et la maçonnerie françaises, tournant à leur profit l'influence croissante des Encyclopédistes et des salons maçonniques. Les 629 loges maçonniques existant en France à l'époque de la Révolution étaient soumises à leur action. Dès l'origine :

> *« La Franc-Maçonnerie, comme le dit le rabbin Isaac Wise, est une institution juive dont l'histoire, les degrés, les charges, les mots d'ordre et les explications sont juives du commencement à la fin. »*

Le convent maçonnique de 1782 réclame pour les Juifs les droits civiques, cependant qu'en 1789 Benjamin Franklin, mal convaincu, déclarait, lors de la discussion de la Constitution des États-Unis :

> *« Dans tous les pays où les Juifs se sont établis en grand nombre, ils ont abaissé le niveau moral, avili l'intégrité. Si vous ne les excluez pas, dans deux cents ans, vos descendants travailleront dans les champs pour leur fournir la subsistance, pendant que les Juifs se frotteront les mains dans des maisons de change... Si vous n'excluez pas ces gens-là par la Constitution ici présente, ils auront, d'ici deux cents ans, essaimé en si grand nombre qu'ils domineront et dévoreront le pays, modifieront même la forme de notre gouvernement, pour lequel nous autres Américains avons versé notre sang. »*

En 1790, l'Assemblée Constituante française refusa une première fois d'accepter le projet d'émancipation qui lui fut soumis parce que, dit l'abbé Maury :

> « *Le mot juif ne désigne pas une secte, mais une nation qui n'aura jamais ni laboureurs ni soldats, dont l'usure est l'industrie essentielle.* »

Mais les Juifs, en particulier Cerfbeer — qui avait acquis une immense fortune aux dépens de l'État — et Beer Isaac répandirent l'or à pleines mains : Cinquante Juifs 'camouflés en gardes nationaux, avec armes et cocardes tricolores, parcoururent les soixante-dix sections de la Commune de Paris qui, abusée, exigea de l'Assemblée Nationale l'émancipation des Juifs.

Le 27 septembre 1791, le décret d'émancipation des Juifs fut promulgué.

Nouveaux citoyens, les Juifs se montrèrent plus ardents révolutionnaires, plus ardents patriotes que les Français de race. Ils volent les diamants de la Couronne, les trésors des Églises, les mobiliers des Émigrés, se complaisent aux atrocités des carnages et s'enrichissent simultanément dans les ventes des biens nationaux, le trafic des ornements d'église, les fournitures aux armées.

Bien entendu, ils se gardent de souscrire aux emprunts nationaux, échappent à toutes réquisitions et refusent de s'enrôler dans les armées qu'ils se contentent de suivre, généralement pour faire de l'espionnage et détrousser les blessés, à tel point que les généraux durent fréquemment leur interdire l'accès des théâtres d'opérations ; mais que de médailles de la Légion d'honneur ainsi acquises par la suite tout au long des guerres napoléoniennes par des

Juifs et dont les familles se font gloire aujourd'hui ! Ils collaborent activement aux feuilles révolutionnaires ; le Juif Marat réclame quotidiennement 270.000 têtes dans l'*Ami du Peuple*. Le Juif berlinois Veitel Ephraïm poursuit une odieuse campagne de calomnies contre Marie-Antoinette et conduit les massacres du Champ de Mars. Le Juif Zalkind Hourdwitz tire le premier coup de feu contre les Tuileries, le 10 août 1792, et déclenche l'émeute où tombèrent de nombreux Français. Les Juifs prennent part aux massacres dans les prisons ; Ils célèbrent avec éclat le culte de la Raison, mais continuent à se faire circoncire ; Pendant que le catholicisme est mis hors la loi, certaines églises sont transformées en synagogues. Le tortionnaire du jeune Dauphin au donjon du Temple est le Juif Simon et, lorsque Louis XVI — condamné à mort par la Convention, grâce aux voix des députés juifs — est guillotiné, un Juif s'élance sur l'échafaud et prend du sang royal à pleines mains pour en baptiser la foule.

Le règne de Napoléon I$^{er}$ consacre l'installation des Juifs dans la fortune française. A Paris, les Rothschild — dont Waterloo permit le brusque enrichissement — les Fould, les Péreire commencent leurs fructueuses carrières, cependant que pour soustraire leurs enfants aux obligations militaires, les Juifs déclarent pour filles les garçons qui leur sont nés, et que dans le département de la Moselle, sur soixante-dix Juifs appelés aux armées en six ans, pas un seul ne fut effectivement enrôlé.

La Révolution, en proclamant la Liberté, l'Égalité, la Fraternité, agit d'abord et surtout au bénéfice des Juifs qui, sur les ruines d'une monarchie étayée par les corporations et la propriété terrienne, allaient établir le règne du capitalisme. En abolissant le corporatisme, la Constituante, qui enlevait ainsi à l'ouvrier la propriété de son métier, faisait du travail une matière marchande et spéculative et jetait pour l'avenir un nouvel aliment à Israël auquel déjà dans le présent, l'expropriation des biens de la Noblesse et du Clergé permettait un monstrueux agiotage.

La monarchie absolue avait réussi à tenir les Juifs à l'écart de la communauté française, les avait chassés cinq fois du territoire. Après la Révolution, la France fut dominée par eux ; Ils démolirent progressivement notre esprit national, notre histoire, notre culture, notre race et stérilisèrent la jeunesse. Et pourtant, Napoléon Ier essaya de freiner leur malfaisance :

> « ... *Entendant protéger son peuple*, dit-il, *contre la race la plus vile et la plus basse qui soit au monde.* »

Il ajoutait, devant le Conseil d'État, le 6 avril 1806 :

> « *Nous devons considérer les Juifs non seulement comme une race distincte, mais comme un peuple étranger ; Ce serait une humiliation trop grande pour la Nation française d'être gouvernée par la race la plus basse du monde.* »

Napoléon, dont le futur geôlier à Sainte-Hélène devait être le Juif Hudson Lowe, n'en paracheva pas moins l'œuvre révolutionnaire en ouvrant — au nom des immortels principes — tous les ghettos d'Europe d'où les Juifs libérés purent enfin, après quinze siècles d'attente, exercer sans obstacles leur terrible activité et se lancer à la conquête du monde.

Les droits civiques furent accordés aux Juifs en Angleterre en 1832, en Prusse en 1847.

En France, en 1848, le demi-Juif Lagrange fomentait l'émeute du boulevard des Capucines qui fut à l'origine de la Révolution, puis arrachait des mains de Louis-Philippe l'acte d'abdication.

En Russie, pendant tout le XIX$^e$ siècle, les Juifs sont à la pointe du combat révolutionnaire ; Ourdissant des complots terroristes, des attentats à la vie des tsars (en particulier assassinant les tsars Alexandre II et Alexandre III.)

# LE PLAN JUIF
# DE DOMINATION UNIVERSELLE
# ET SES GRANDES ÉTAPES

Sous le couvert de l'idéologie démocratique et révolutionnaire, Israël marche maintenant à la conquête du monde, développant son action suivant la formule de Michelet :

> « *Patients, indestructibles, les Juifs ont vaincu par la durée ; Ils ont résolu le problème de volatiliser la richesse ; Affranchis par la lettre de change, ils sont maintenant libres, ils sont maîtres ; De soufflets en soufflets, les voici au trône du monde.* »

La démocratie, comportant en effet le renversement des valeurs héréditaires et par là l'affaiblissement des traditions, donne toute licence à la corruption de l'argent dont Israël est roi ; Les révolutions impliquent des transferts de richesses sur lesquels Israël prélève sa part. Les Juifs Karl Marx, — fils d'un rabbin de Trèves, de son vrai nom Mardechaï, — Frédéric Engels, Ferdinand Lasalle, inventent et propagent la doctrine spécifiquement juive de cette idéologie : Le socialisme lutte de classes devant lequel s'efface le socialisme français de Proudhon et Sorel.

Les Juifs ne se donnent même pas la peine de camoufler le dessein de domination universelle que leur assignait le Talmud :

*« Les Juifs auront l'Empire temporel du monde entier. »*

Dans une lettre adressée à Karl Marx, Baruch Lévy résumait en ces termes le plan juif :

*« Dans cette organisation nouvelle de l'humanité (république universelle établie après suppression des frontières et des monarchies), les fils d'Israël répandus dès maintenant sur toute la surface du globe, tous de même race et de même formation traditionnelle, sans former cependant une nationalité distincte, deviendront sans opposition l'élément partout dirigeant, surtout s'ils parviennent à imposer aux masses ouvrières la direction stable de quelques-uns d'entre eux.*

*« Les gouvernements des nations formant la République universelle passeront tous sans effort dans des mains israélites, à la faveur de la victoire du prolétariat. La propriété individuelle pourra alors être supprimée par les gouvernants de race judaïque qui administreront partout la fortune publique.*

*« Ainsi se réalisera la promesse du Talmud que, lorsque les Temps du Messie seront venus, les Juifs tiendront sous leurs clefs les biens de tous les peuples du monde. »*

Dans leur action qui désormais s'accélère, les Juifs se font des Anglo-Saxons anglais et américains, tout pénétrés par la Bible de la gloire d'Israël (le puritanisme, c'est, comme récrit Henri Heine, « *du judaïsme qui mange de la viande de porc* »), ainsi que de la Franc-Maçonnerie, des instruments dociles. Ils créent, puis animent et contrôlent la ploutocratie anglaise. La Maçonnerie anglaise qui — fondée en 1717 par le Juif anglais Sayer — fut la grande initiatrice de la Maçonnerie universelle, est entièrement dans leurs mains. L'écusson de la grande Loge d'Angleterre est composé de symboles juifs. Dans le rite écossais, les dates des documents officiels sont désignées suivant le calendrier de l'ère juive et l'on fait usage de l'ancien alphabet hébraïque. Dans toute la Maçonnerie, le langage technique, le symbolisme et les rites sont remplis de notions et de termes juifs.

Par ailleurs, la noblesse anglaise est infectée de sang juif apporté par de riches mariages : Douze ducs enjuivés portent actuellement les premiers noms de l'Angleterre (entre autres Marlborough, Norfolk, Wellington, Westminster). Une puissante Société anglaise, la « British-Israël-World-Federation », comptant plusieurs millions d'adhérents, dont la reine Victoria et le roi Edouard VII furent membres d'honneur, proclame que la race anglo-saxonne est l'associée et l'héritière de la race juive :

« *Le trône anglais est le trône de David dans la conception moderne.* »

Le *Times*, le 1er octobre 1937.

Le Juif Rufus Isaac devenu lord Reading, ex-vice-roi des Indes, ex-ministre des Affaires étrangères, gardien des cinq ports, est le plus haut dignitaire du Royaume-Uni. La dynastie juive des Sassoon — rois de l'opium — a régné sur l'Inde plus d'un siècle. Une Juive, la duchesse de Windsor, a failli devenir reine d'Angleterre et le roi Georges d'Angleterre fut élu roi de Palestine.

Aux États-Unis, en haut, règne la dynastie juive des Roosevelt, étayée par son *Brain Trust* de Juifs

(Henri Morgenthau, Bernard Baruch, Félix Frankfurter, Louis Brandeis), en bas le gang juif des Jack Diamond et Al Capone, entre les deux, le maire de New-York, le Juif Fiorello La Guardia, époux de la Juive ancienne secrétaire du bourreau de la Hongrie, Bela Kuhn. La juiverie anglo-saxonne, sous le couvert de l'Entente Cordiale, puis de la Société des Nations, a manœuvré la France et l'Europe pour la plus grande gloire d'Israël.

La Société des Nations, comme le proclame le Juif Klée, de New-York, le 19 janvier 1936, « *est une création essentiellement juive, dont les Juifs peuvent être fiers.* » Tous les traités faisant suite à la Paix de Versailles et inspirés par la Société des Nations, comportaient sous son contrôle et sa garantie des clauses relatives aux minorités dites nationales, en réalité juives : Aux termes de ces clauses imposées à 14 États européens, les Juifs devaient pouvoir accéder à toutes professions, fonctions publiques, honneurs, exercer librement leur culte, posséder leurs écoles, leurs institutions, leurs journaux. Un Comité de Délégations juives à Paris surveillait l'application de ces clauses. Et, en 1933, il était en outre constitué, également à Paris, un Comité de Défense des Juifs de l'Europe Centrale et Orientale, auquel adhéraient : De Monzie, Flandin, Daladier, Reynaud, Herriot... Le principal résultat de la guerre de 1914-1918 devait être ainsi de consacrer partout les droits de la Juiverie triomphante.

Les activités juives auxquelles les démocraties laissent libre carrière présentent une double face : Sur le plan économique, elles dominent la plupart des entreprises industrielles et commerciales par les trusts et l'emprise des banques, prélevant ainsi leur dîme sur la consommation des produits. Par ailleurs, sur le plan politique, elles poursuivent, par la lutte des classes, la destruction économique et financière des États, et par le Communisme et la Dictature du prolétariat, leur propre dictature et la possession totale des richesses. Activité économique et activité politique sont d'ailleurs reliées par les mille liens d'une trame plus ou moins visible assurant la convergence des efforts et leur appui réciproque.

Le suprême Conseil juif, le grand Kahal, fixé aux États-Unis, assisté d'un véritable Parlement représenté par les Congrès mondiaux périodiques réunis dans les grandes capitales, règle de haut et dans son ensemble l'action simultanée des deux Internationales juives : L'Internationale de la Finance et l'Internationale de la Révolution communiste.

L'emprise juive sur le plan économique (type des trusts américains) étroitement relié au plan politique affairiste et culturel progresse par infiltration dans le cadre discret du Talmud et de la Thora, avec une lenteur relative, et ne peut être que partielle. L'emprise politique par le Communisme révolutionnaire est au contraire rapide, dictatoriale, totale ; Le communisme tel que l'a conçu Karl Marx et réalisé Lénine, est l'expression guerrière du judaïsme conquérant, héritier de Josué, de Gédéon, de Mardochée et autres bandits bibliques qui assassinaient des peuples entiers pour s'en approprier les biens.

— Comment, c'est toi Samuel, toi un vieux Yitt, qui vient me proposer une affaire ?... Voyons, tu ne veux pas être roulé, moi non plus, alors tu comprends que nous ne pouvons rien traiter ensemble ... !!!

> « *Les biens des non-Juifs sont des choses sans maître ; Elles appartiennent au premier Juif qui passe.* »
>
> « *Il est permis de mentir à un non-Juif.* »
> (Talmud.)

# LA JUDÉO-DÉMOCRATIE FRANÇAISE

La progression de l'influence juive en France s'exprime assez bien numériquement par la progression du nombre des Juifs habitant Paris : 500 en 1789 ; 3.000 en 1800 ; 30.000 en 1870 ; 70.000 en 1914 ; 174.000 en 1936 ; 500.000 en 1939. C'était bien inutilement qu'Edmond de Goncourt avait écrit, en 1866 :

> « *Je crie depuis vingt ans que si la famille Rothschild n'est pas habillée en jaune, nous serons, nous chrétiens, très prochainement domestiqués, ilotisés, réduits en servitude.* »

Les neuf dixièmes des 1.200.000 Juifs résidant en France en 1939, nous étaient venus, depuis moins d'un siècle, des ghettos de l'Europe orientale, nous apportant avec leur crasse et leur fainéantise héréditaires, leurs instincts ataviques de fourberie et de destruction. Doués d'un remarquable sens de mimétisme, ils ont vite troqué le bonnet à queue de renard et la lévite pour la raie impeccable et le veston bien coupé du Parisien élégant et formaient en 1939 la partie dynamique du Tout-Paris nouveau. Mais, simultanément, ils reconstituaient dans notre capitale leurs foyers exotiques sous la forme de centaines d'associations telles que : Adarsyercim, Acoudath, Atereth-Sion et Eth-Laasoth, les Enfants de Cracovie, les Enfants lithuaniens, la Jeunesse de Nowo-Radomsk, le Secours mutuel de Rowno, les Amis solidaires de Brzeiny, les Amis de Szydlowiec, la Société Biokor-Cholin. Et il convient de ne pas oublier que beaucoup de ces officines, instituées à Paris aux jours messianiques du Front Populaire, ont, depuis la guerre, rouvert leurs boutiques sur les bords du Rhône ou de la Méditerranée.

Faisant irruption par vagues successives au sein d'une France construite par la sueur et le sang des Français de race — s'appelant, se recommandant, se poussant les uns les autres, tous étroitement unis et solidaires, — les Juifs se sont, dès l'abord, confortablement installés dans les commerces faciles et lucratifs et, par l'influence d'une Maçonnerie à leur service, dans les postes politiques les plus efficients, dans les fonctions les mieux rétribuées des organismes essentiels de l'État dont ils déviaient les traditions, agissant dans un esprit contraire au génie de notre race. Édifiant des trusts et des banques appuyés sur les faveurs occultes de pouvoirs publics complices, se prêtant entre eux un appui mutuel, ils s'enrichissaient par le vol, la fraude, la corruption, pourrissant accessoirement notre esprit public par l'exemple de leurs déprédations et nôtre race par le métissage, poussant à toute occasion aux guerres et aux révolutions, « *ces moissons des Juifs* », comme l'écrivait le ministre anglais Disraeli.

Sous les règnes de Louis XVIII et Charles X, l'action juive s'exerça surtout en profondeur et se garda de tout éclat. Le nom du Juif Simon Deutz qui, en 1832, livra pour 500.000 francs à la police la duchesse de Berry dont il avait surpris la confiance — et renouvela ainsi à dix-huit siècles de distance le crime de Judas — marque le début d'une ère nouvelle où, à partir du règne de Louis-Philippe, la juiverie grandit en pouvoir et en arrogance.

Rothschild fut le vrai ministre permanent du règne ; Toussenel, dans son livre : *Les Juifs, rois de l'époque*, décrit la nouvelle féodalité financière juive fondée sur « *l'accaparement, le mensonge et l'iniquité.* »

C'est à l'instigation des Juifs qu'est engagée, en 1870, la guerre franco-allemande : Le prêtre juif Jean-Marie Bauer, confesseur de l'Impératrice, fait pression sur Napoléon III pour obtenir le déclenchement d'une guerre que l'Impératrice qualifie « *sa guerre à elle.* »

Cette guerre donna aux Juifs de multiples occasions de manifester leur malfaisance traditionnelle.

> « *On nous fait remarquer,* disait le journal *Le Nord*, à la date du 19 août 1870 — (citation empruntée à la France juive d'Édouard Drumont) — *que la plupart des espions prussiens pris en Alsace sont juifs.* »

*L'Illustration*, dans un numéro du 27 septembre 1873, montre le Juif dans cette guerre tour à tour détrousseur de cadavres, espion, trafiquant, escroc et faussaire.

Ce sont les Juifs ou demi-Juifs Gambetta, Crémieux, Jules Simon, Emmanuel Arago, Ernest Picard, Magnin qui, se constituant sans mandat les maîtres de la France, proclament, le 4 septembre 1870, la République sur la défaite de la France impériale et aggravent le désastre en prolongeant vainement une lutte sans gloire et sans espoir. Le Juif Gambetta s'institue lui-même chef du gouvernement de la Défense nationale.

Dès le cinquantième jour de sa naissance, le 24 octobre 1870, la jeune République baptise citoyens français tous les Juifs d'Algérie (par un décret qui fut l'œuvre du Juif Crémieux). Les Arabes furent indignés de voir ainsi élevés à la dignité de citoyens français ces ennemis séculaires de leur race, dont, depuis des siècles, ils subissaient les exactions, qu'ils haïssaient et méprisaient, qui venaient — notamment à Constantine — d'applaudir impudemment au désastre de la France à Sedan et n'avaient jamais rien fait par ailleurs pour mériter l'amitié française, alors qu'eux-mêmes avaient prodigué leur sang au service de la France sur les champs de bataille de Crimée, d'Italie, du Mexique, alors que les turcos venaient de se battre héroïquement à Wissembourg, Woerth, Reichshoffen, alors que dix mille des leurs étaient prisonniers en Allemagne !

Exaspérés, ils se révoltèrent aussitôt, mais quand l'autorité militaire voulut mobiliser les Juifs pour l'aider à combattre l'insurrection, ces nouveaux Français répondirent que leur religion leur interdisait de manger à la gamelle !

La guerre civile de la Commune de 1871 est, pour une grosse part, l'œuvre des Juifs, entre autres : Gaston Dacosta, Léon Franckel, Gaston Crémieux, enfin Simon Mayer, l'homme qui, après avoir participé à l'assassinat du général Lecomte et de Clément Thomas, fait renverser la colonne Vendôme.

> « *Les communards juifs, écrit Drumont, volèrent, assassinèrent et pétrolèrent pour cacher leurs vols. Certains négociants établis rue de Turbigo organisèrent la dévastation comme une opération commerciale et se retirèrent à New-York deux ou trois fois millionnaires.* »

Pendant la Commune, Gambetta s'enfuit en Espagne.

Lorsque tout danger fut écarté, il rentre à Paris et prend soin de détruire toutes pièces comptables afférent à sa dictature : 75 millions de francs disparaissent ainsi sans laisser de traces. Devenu chef du Parti Républicain, il essaye vainement à plusieurs reprises de provoquer une nouvelle guerre franco-allemande et invente l'anticléricalisme, doctrine de guerre civile permanente entre Français, mais devant sceller l'alliance des républicains et des Juifs — les Juifs ayant l'habileté de faire accroire aux républicains que l'antisémitisme n'était qu'une forme du cléricalisme et qu'ils étaient donc leurs alliés naturels.

Il convient de rappeler qu'aujourd'hui, ces mêmes Juifs se présentent aux églises catholique et protestante comme les défenseurs de la Doctrine chrétienne d'égalité des races et donc comme les alliés naturels idéologiques de ces mêmes cléricaux, leurs ennemis de la veille.

Après la guerre de 1870, une immense vague de Juifs allemands camouflés en Alsaciens-Lorrains envahit Paris où ils se posèrent aussitôt en républicains militants, et, se rendant maîtres des comités électoraux, font élire députés à la Chambre un Badois comme Spuller, un Francfortois comme Leven. Depuis lors, les Juifs règnent incontestablement sur une France dénationalisée. En 1889, Waddington, un Anglais à leurs gages, devenu ministre français des Affaires étrangères, abandonnait à l'Angleterre Chypre et l'Égypte et demandait — en compensation ! — pour la France, que fût imposée à la Roumanie l'émancipation de ses Juifs, émancipation que le Traité de Berlin ordonna, aux éclats de rire de Bismark et à la grande douleur des Roumains de race, malgré l'opposition réitérée du Gouvernement roumain.

Édouard Drumont, dans la *France juive* parue en 1885, décrit la gangrène juive pourrissant peu à peu les éléments divers de l'âme et de l'activité françaises : La Haute Juiverie devenant partie intégrante de l'aristocratie qui l'accueille dans ses salons avec une faveur particulière et dont nombre de familles se déshonorent par des mariages juifs, « *un vrai duc de la Trémoille servant d'écuyer cavalcadour à la baronne de Rothschild* », le juif Arthur Meyer, directeur du journal *Le Gaulois*, officiant comme grand-maître des mondanités de cette judéo-aristocratie et ouvrant un bal de bienfaisance au bras d'une comtesse Aimery de La Rochefoucauld ; Directeurs de journaux, de théâtres, auteurs et acteurs juifs ou enjuivés accaparant par la grâce d'une publicité frauduleuse la faveur d'un public abusé, le mépris du travail manuel gagnant les classes laborieuses, le culte exclusif du veau d'or asservissant les classes bourgeoises ; Les Juifs devenus enfin les maîtres politiques de la France et s'efforçant aussitôt à assouvir leur haine atavique du Christianisme, expulsant les congréganistes et spoliant les congrégations, laïcisant les hôpitaux et les écoles, imposant dans les écoles des livres mensongers destinés à détruire le sentiment religieux de la jeunesse, révoquant sur la dénonciation du Juif Lyon-Allemand, en mars 1885, le professeur Pélissier, du collège Chaptal, coupable d'avoir constaté dans un livre l'influence moralisatrice du Christianisme ; Ces Juifs s'emparant de l'enseignement supérieur et poursuivant dans leur enseignement la dégradation de la patrie, faisant commencer notre histoire nationale à 1789 parce que cette date marque l'origine de l'émancipation des Juifs, taxant d'obscurantisme le moyen âge, cette période du plus magnifique épanouissement intellectuel des peuples aryens, mais de peuples aryens libérés de leurs Juifs ; Épurant la magistrature de tous les grands magistrats, honneur de la tradition juridique romaine et française, pour les remplacer par de nouveaux magistrats juifs ou enjuivés à leurs gages !

Pour favoriser l'immigration juive, contrôlée à la Préfecture de Police par des fonctionnaires juifs, le Parquet accepte — pour les Juifs et eux seuls —comme pièce d'identité suffisante suppléant à tout état civil, un acte de notoriété fabriqué par n'importe quel rabbin dont la signature même est dispensée de toute légalisation ; Le nom de l'immigrant est arbitraire, son passé inconnu. En mai 1914, 50.000 Juifs récemment installés à Paris ignoraient totalement notre langue.

Avant même 1914, les Juifs dirigeaient déjà la majeure partie de l'activité économique française, et leur emprise était devenue à peu près totale en 1939.

En 1911, le vénérable et majestueux Hôtel des Archevêques de Sens est affecté par la Ville de Paris à l'installation d'une École Rabbinique.

Le 6 avril 1911, 1.800 Juifs russes récemment immigrés et ne sachant que le yiddisch, réunis à la Bourse du Travail sous la présidence du demi-Juif Longuet, insultaient, menaçaient et prétendaient juger un ouvrier français qui avait mal parlé des Rothschild.

En 1913, un Grünbaum-Ballin, Juif de Francfort, présidait le Conseil de Préfecture de la Seine, un Isaac Weiss était Secrétaire général du Conseil municipal de Paris. Le 13 septembre 1913, le Président Poincaré, banquetant à la Préfecture de Cahors, était encadré par deux Juives, femmes de ministres, primant toutes les femmes indigènes.

Quand Ferdinand, tsar de Bulgarie, vint à Paris pour traiter les affaires de son pays, il ne vit même pas le Président Fallières. Il alla directement chez le Juif Joseph Reinach (de Francfort-sur-Main) où il put à loisir rencontrer les Ministres de la République.

Lorsque la police dut se décider à perquisitionner chez Reinach (le financier bandit des chemins de fer du Sud, de Panama, des Lits militaires), elle y trouva des dossiers diplomatiques que le Ministre des Affaires étrangères avait refusé de communiquer à une Commission parlementaire *« en raison du secret d'État »*.

En novembre 1913, Alphonse XIII, roi d'Espagne, venu en France, va chasser à Rambouillet chez le Président Poincaré, mais c'est à Édouard de Rothschild qu'il rend visite pour traiter des affaires de l'Espagne.

Le Juif Louis-Louis Dreyfus, associé aux autres Juifs du trust des blés, nous montre comment, par le jeu de complicités politiques, il sut extorquer jusqu'à dix milliards de francs par an sur la consommation du pain et le commerce des blés.

Il est spécialement intéressant, à titre d'exemple documentaire, de mettre en lumière le mécanisme de ces manœuvres. En 1933, les droits de douane sur le prix du blé, 70 francs au quintal, compensent exactement la différence du prix du blé français (115 fr.) sur le prix du blé exotique (45 fr.). Mais le Maroc avait le droit d'importer en France du blé en franchise. Or le Maroc était en fait une simple propriété juive dont la Banque d'État était la Banque du Juif Finaly, Banque de Paris et des Pays-Bas. Louis Dreyfus achetait donc du blé au Canada et en Argentine ; Les bateaux chargés de ce blé faisaient une escale de quelques jours à Casablanca d'où ils repartaient avec un certificat d'origine marocaine et entraient dans les ports français sans payer les droits de douane normaux qui devenaient de ce fait bénéfice juif. Par ailleurs, les Juifs avaient obtenu du Gouvernement (alors représenté par le Ministre de l'Agriculture Queuille, leur valet) une prime à l'exportation de 80 francs par quintal de blé. Le même blé ou une quantité équivalente pouvait alors être réexporté, ajoutant un nouveau bénéfice de 80 francs au bénéfice du droit de douane, soit $80 + 70 = 150$ francs par quintal de blé transité. L'Office du Blé, créé par Monet, Ministre de l'Agriculture du Front Populaire et autre valet des Juifs, augmenta encore considérablement les bénéfices des trusts juifs qui purent alors prélever un superbénéfice de 100 fr. par quintal sur la totalité des blés français, réalisant ainsi de ce fait quelque 7 milliard de francs de bénéfice par an sur les seuls blés français, pendant qu'en contre-partie, le prix du pain montait de 1 fr. 70 le kilo en 1933, à 3 fr. 15 en 1936. Et l'on put assister à ce spectacle extravagant : La France, ayant produit en 1937 15 millions de quintaux de blé en sus de sa consommation, important nonobstant 20 millions de quintaux pendant l'hiver 1937-1938, pendant que le Gouvernement, refusant d'exporter du blé français en Allemagne et en Italie, faisait dénaturer les quantités en excédent qu'il rachetait aux frais des contribuables !

A la veille de la guerre de 1939, les Juifs contrôlaient en France tous les moyens de transport (terre, mer, air), la majeure partie de l'industrie lourde, 7/10$^e$ des monopoles et concessions d'État (eau, gaz, électricité), 7/10$^e$ des usines d'armement, chantiers navals, produits chimiques, la totalité du pétrole, caoutchouc, sucre, coton, laine, 7/10$^e$ des vêtements, fourrures, chaussures, 9/10$^e$ des banques, 7/10$^e$ de l'édition, toutes les agences de presse, la presque totalité du cinéma et de la radio.

Nos colonies, en particulier l'Afrique du Nord, la Syrie, le Maroc, leur étaient complètement asservies. Presque toutes les Associations économiques, coopératives, philanthropiques, anciens combattants, anciens élèves de grandes écoles étaient animées ou contrôlées par eux. Il convient de remarquer que, dans toutes les affaires qu'ils possèdent ou contrôlent, les Juifs ne produisent effectivement rien : ils réalisent simplement sous le masque de ces entreprises des bénéfices d'agiotage ou de fraude, comme le manifeste le mécanisme de l'opération montée par Louis-Louis Dreyfus sur les blés.

La plupart des grands scandales financiers de la III$^e$ République furent juifs. Ce sont les Juifs

Lévy-Crémieux, baron de Reinach, Cornelius Herz et Arton (de son vrai nom Aron) qui, abusant de Ferdinand de Lesseps, se saisirent de l'organisation financière du canal de Panama et firent éclater le scandale de l'achat en bloc des consciences parlementaires, cependant qu'à peu près à la même époque, le baron juif Erlanger volait plus de deux cents millions aux actionnaires et clients du Crédit Général. Juifs : Stavisky, Oustric, Marthe Hanau et son mari Lazare Bloch. Les trois faillites juives Citroën, Rosengart, Nathan-Pathé firent perdre 2.400 millions de francs aux épargnants français. En six ans, de 1929 à 1935, le commerce du département de la Seine a perdu 100 milliards en faillites dont 67 % étaient juives. Peu avant la guerre, la proportion des faillites juives atteignait, dans la Seine, 95 %.

Les Juifs envahissaient parallèlement les professions libérales. On comptait à Paris, en 1937 : 35 % de médecins juifs (2,5 % en 1911) ; 35 % d'avocats (5 % en 1914) ; 35 % de professeurs de haut rang ; 60 % de directeurs de théâtres ; 50 % d'artistes en vogue ; 70 % de journalistes (pour une population juive de 7,6 % de la population parisienne).

Israël, qui possédait pour 1.200.000 Juifs sur 40 millions de Français, le 1/5$^e$ de la fortune française, laissait aux Français de race le soin de se battre : Pendant la guerre de 1914-1918, 1.500.000 Français furent tués et *1.812 Juifs*, moins nombreux que les 2.777 Antillais venus de la Martinique et de la Guadeloupe mourir sur le sol de leur lointaine métropole. 400.000 Français tombèrent à Verdun et *332 Juifs*. Les Juifs pensaient certainement, comme le disait le rabbin Reichhorn en 1869 :

> « *Nous inciterons les chrétiens aux guerres et pousserons les nôtres à la place de ceux qui tomberont.* »

Ce qui n'empêchait pas Marc Rucart, Ministre de la Justice du Front Populaire, parlant des Juifs naturalisés en 1937, de dire avec impudence :

> *« Il y a un an le service du sceau donnait chaque mois à l'armée française 250 naturalisés par mois. Depuis, j'ai dépassé le cap des 600 hommes, soit un bataillon par mois. »*

Mais, dans les bureaux de recrutement et sur les champs de bataille de 1939-1940, ces prétendus soldats nouveaux Français ne manquèrent pas de se volatiliser.

L'emprise culturelle juive progressait parallèlement à l'emprise économique dans une France dénationalisée où le Juif Léon Blum, Président du Conseil, pouvait dire le 15 mars 1937, à Saint-Nazaire :

> *« Je ne connais qu'un seul drapeau, celui de l'Internationale. »*

Cinéma, radio, agences de presse étaient juives. La censure cinématographique était confiée en 1938 à un Juif, Sée. Lors de la dernière fête de Jeanne d'Arc, célébrée à Orléans avant la guerre de 1939, on voyait, entourant l'évêque, un député ministre juif Zay, un maire juif Loewy, un général juif Bloch, un procureur général juif Sée. Le Front Populaire de la région parisienne, béant d'admiration devant la juiverie en place, disait, dans une motion votée à l'unanimité, le 22 septembre 1938 :

> *« Il est juste que le Juif commande et dirige les Français inférieurs à leur tâche. »*

Oublieux de l'Histoire nationale, nos 200.000 professeurs et instituteurs convenablement stylés, se gardaient bien de dire que les Juifs de France sont arrivés de Palestine par les ghettos de Russie et d'Allemagne ;

Ils enseignaient qu'un Juif est simplement un Normand, un Provençal ou un Lorrain de religion particulière, mais aussi bon et vrai Français que les autochtones. Et la France déléguait à Athènes à des fêtes commémoratives universitaires ces deux représentants de la vieille culture française, Jean Zay, ministre juif de l'Éducation Nationale, et son chef de cabinet juif, Abraham Bloch !

Le Yiddisch, langue parlée des Juifs, était employé à Paris dans certaines réunions publiques, affiches électorales, convocations à la Bourse du Travail insérées dans le journal l'*Humanité*. Nos mœurs s'enjuivaient :

> « *Tout le processus de démolition de la famille, depuis Naquet jusqu'à Blum et Zay, du divorce à l'éducation sexuelle, est juif.* »

La loi Naquet sur le divorce fut en partie rédigée par le Juif Astruc, ancien rabbin de Bruxelles.

L'art s'enjuivait.

Tous les grands marchands de tableaux, de Bernheim à Rosenberg, étaient juifs, créant un marché international juif de la peinture, lançant par la seule publicité les arts dadaïste, cubiste, futuriste, surréaliste…, autant d'impostures. Inspirateurs des goûts du public et maîtres des prix, ils poussaient de misérables peintres juifs sans art ni talent que les pouvoirs publics consacraient en leur réservant toutes les faveurs officielles.

Le Jury international de l'Exposition de 1937 à Paris n'osa pas publier la liste des artistes récompensés, liste qui, pour la section dénommée française, comprenait presque uniquement des Juifs, au premier rang desquels brillait un certain Lipschitz, auteur d'un Prométhée étranglant son vautour [1] qui déshonorait les abords du Grand Palais et que l'on dût enlever, devant la protestation de l'opinion indignée.

La promotion de la Légion d'honneur dite de l'Exposition de 1937 comprenait : Un seul grand-croix juif, trois grands officiers juifs sur quatre, et, bien entendu, une multitude d'autres juifs commandeurs, officiers, chevaliers.

Ce fut le Juif Wildenstein, marchand de tableaux, qui fut chargé d'organiser la participation artistique de la France à l'Exposition de New-York en 1938, cette participation comprenait à peu près uniquement des Juifs étrangers.

A l'Exposition de San-Francisco en 1939, la sculpture française fut représentée par deux Juives, Grünwald et Zay, cette dernière, sœur du Ministre, qui lui alloua sur les fonds publics 200.000 francs pour la commande d'un quelconque navet faite au nom de l'État français.

Le christianisme lui-même s'enjuive !

L'église catholique, oublieuse des traditions des papes du moyen âge, considère que la race juive est une race « *comme les autres* » ; L'administration pontificale emploie à Rome vingt-quatre Juifs, dont le Juif Kovolnitzky, chef des Archives secrètes, et nous voyons en ce moment même une centaine de prêtres porteurs de l'étoile jaune, circuler dans Paris. Le Vatican vient de protester (fin août 1942) auprès du Gouvernement de Vichy contre les mesures d'internement prises à l'encontre de quelques milliers de Juifs en zone libre, mais non auprès du Gouvernement anglais qui fait assassiner des civils français par ses aviateurs et massacrer des dizaines de milliers d'hindous par sa police.

---

1. — Voir Annexe I.

Les Protestants, de leur côté, ont bien oublié les imprécations de Luther dénonçant les Juifs comme « *des bêtes perverses, sataniques, traînant dans la boue les paroles divines, vivant de mal et de rapines, bêtes mauvaises qu'il faut chasser comme des chiens enragés !* » Leur plus haute autorité en France, le Pasteur Boegner, s'est solidarisé publiquement avec eux ! Nombre de chrétiens font actuellement des vœux pour la victoire de Staline, c'est-à-dire du judéo-bolchevisme. Rappelons-leur simplement cette phrase écrite par un représentant autorisé de ce régime, le Juif André Nin, secrétaire particulier du Juif Trotzky :

> « *Nous avons résolu le problème de l'église en ne laissant plus un seul temple debout.* »

— Ma betite Rebecca che suis drés ennuyé. J'ai des papiers drés important et che foudrai les cacher dans un endroit où che chois chur que bersonne n'y touche.
— Mais, mon cher Jeroboam, tu n'as qu'à les mettre dans la baignoire !

*« Les non-Juifs n'ont été créés que pour servir les Juifs jour et nuit sans qu'ils puissent quitter leur service. »*

*« Celui qui fait couler le sang des non-Juifs offre un sacrifice à Dieu. »*

(Talmud.)

## LE JUDÉO-MARXISME

En dehors de la politique opportuniste d'affaires pratiquée par les Juifs dans le seul but d'appuyer par les jeux de la politique indigène l'emprise économique de leur nation (Louis Dreyfus, le grand exploiteur du blé, ne se fit-il pas nommer Sénateur radical !) La véritable politique juive, la politique militante d'Israël, est le communisme, conforme, dans son essence, à l'esprit niveleur et communautaire de la race, communisme dont Amos et Isaïe furent les premiers prophètes bibliques, dont le Juif Karl Marx conçut la théorie, dont les moyens d'action sont la haine, l'assassinat et le servage talmudiques. Léon Blum formula très simplement cette politique en trois mots :

« *Je vous hais !* »

Jean Zay en cinq : « *Je te hais, drapeau torche-cul*[2] ! » Et d'autres Juifs la mirent en action dans la plupart des assassinats politiques commis ces dernières années : Princip, l'assassin de l'archiduc Ferdinand d'Autriche à Serajevo ; Kalemen, l'assassin du roi de Yougoslavie à Marseille ; Schwartzbarth, l'assassin de l'hetman de l'Ukraine Petliura à Paris, Grynzpan, l'assassin du conseiller d'ambassade allemand von Rath à Paris — qui crut, par cet assassinat symbolique, trucider d'un seul geste toute l'Allemagne nazi — et surtout dans les immenses massacres rituels renouvelés du Pourim et perpétrés par le bolchevisme juif dans toute l'Europe : Russie, Hongrie, Bavière, Espagne. La route historique d'Israël demeure ainsi jalonnée des cadavres de ses victimes conformément à la loi de son génie racial.

Le communisme prétend théoriquement, par la révolte des masses ouvrières et la dictature du prolétariat, construire l'économie marxiste. En fait, dans cette économie nouvelle où l'Etat possède tout, commande tout, les Juifs maîtres de l'Etat sont les possesseurs réels de toute la fortune publique et privée, et tous les citoyens leur sont asservis : Le communisme marque l'instauration de la Dictature juive.

---

2. — Voir Annexe II.

Les Juifs, peuple de proie

## en Russie

C'est en Russie, où la mentalité et l'ignorance slaves opposaient une moindre résistance, que la poli' tique communiste juive trouva son premier champ d'action. Le nihilisme russe révolutionnaire, où les Juifs s'étaient déjà et tout naturellement illustrés, avait préparé les voies du communisme juif. L'internationale juive de la finance intervint de son côté pour favoriser son action. Les banquiers juifs américains imposèrent au tsar, lors de la guerre russo-japonaise de 1904-1905, sous la menace d'une révolution intérieure, la médiation du Président Théodore Roosevelt, d'origine juive : Et le comte Witte, plénipotentiaire du tsar, rencontra aux États-Unis, négociateurs inattendus, ces banquiers exigeant l'émancipation des Juifs russes. Les conséquences en furent rapides. Dans les derniers temps du tsarisme, l'extrême gauche universitaire (des professeurs juifs, tolérés par un pouvoir défaillant, enseignaient dans les écoles les théories marxistes) comptait 80 % de Juifs. Les agitateurs juifs, promoteurs et réalisateurs de la Révolution bolcheviste, furent, par l'entremise du Juif Trotzky, l'un des chefs du mouvement, commandités par la banque juive américaine Kuhn, Loeb, Warburg et C°, devenue maîtresse de l'appareil financier des États-Unis et prodigieusement enrichie par la guerre de 1914-1918. Les associés de cette banque, les Juifs frères Paul et Max Warburg, avaient en effet financé la guerre, l'un aux côtés de l'Allemagne, l'autre aux côtés des États-Unis : Ils devinrent même, pour te compte de leurs clients respectifs, négociateurs de la paix à Paris. Le troisième frère, Félix Warburg, également associé de la banque, finança, lui, plus particulièrement, la Révolution communiste russe. Un banquier juif de New-York pouvait dire avec raison :

> « *La guerre de 1914 peut finir comme elle voudra ; Nous, les Juifs du monde entier, nous l'avons gagnée.* »

C'est la banque Kuhn et C°, devenue Banque des Soviets à New-York, qui fut, dans la suite, chargée de vendre les joyaux et de conserver dans ses coffres les valeurs volées aux Russes non-juifs. La fortune mobilière russe, gage des milliards de francs prêtés par les petits épargnants français, fila ainsi, par les voies de la guerre et de la révolution, aux mains des Juifs, inoubliable souvenir dédié plus spécialement à nos innombrables porteurs de fonds russes.

Voulant mettre à profit l'état d'épuisement et de démoralisation où, du fait de la guerre, se trouvait le peuple russe, en octobre 1917, le demi-Juif Lénine (à faciès de Juif Kalmouk, fils d'une Juive, époux d'une Juive) et le Juif Trotzky, accompagnés de 224 bolcheviks (dont 170 Juifs), traversent l'Allemagne en wagon plombé et entrent dans une Russie déjà décomposée par la défaite et la République parlementaire du Juif Kerenski. Le 1$^{er}$ mars précédent, le Juif Nakhankers avait créé des Soviets dans l'armée d'où, en conséquence, toute hiérarchie, toute discipline, avaient disparu. Lénine et Trotzky, devenus maîtres du pouvoir, s'empressèrent de conclure la paix séparée de Brest-Litowsk qui, libérant les armées allemandes de l'Est, aggrava pour la France les conséquences meurtrières de la guerre.

Avec Lénine et Trotzky, les Juifs s'emparent de tout l'appareil de l'Etat : Au début, le Gouvernement compte 447

Juifs sur 545 membres ; En 1920 — lors de la déportation et du massacre de millions de Russes ouvriers et paysans — on comptait 14 Juifs sur 14 membres au Commissariat de l'Intérieur, 34 Juifs sur 34 membres au Congrès des Délégués paysans, 88 % de Juifs au Commissariat des Finances, 100 % aux Assurances sociales, 77 % au Conseil des Commissaires du Peuple (de 70 % à 100 % dans tous les organismes de l'Etat). Cent cinquante mille fonctionnaires juifs commandent à Moscou. A la mort de Lénine, le triumvirat qui prit tout d'abord le pouvoir fut composé de Staline (époux d'une Juive) et de deux Juifs. La plupart des dirigeants russes demeurés auprès de Staline sont juifs (en particulier Molotoff, Commissaire aux Affaires étrangères) : Aucune révolution de Palais ne les a délogés. Les bolcheviks ont assassiné quelque onze millions de personnes : le tsar et toute sa famille (dont les meurtriers furent juifs), toute la classe moyenne, tous les cadres intellectuels et techniques de la nation, détruit la famille, la religion (sauf la religion juive dont toutes les synagogues sont respectées), ont supprimé tous les témoins de la culture occidentale, coupé toute continuité entre le passé et les générations à venir, entretenu les Russes dans une totale ignorance. Les travailleurs — c'est-à-dire la presque totalité des Russes non-juifs — au seul service de l'État, souverain absolu lui-même aux mains des Juifs, sont devenus des esclaves astreints au travail et à la résidence forcée. Les prétendues institutions sociales (Palais de la Riviera en Crimée, sanatoria) sont réservées aux membres du parti communiste, c'est-à-dire aux Juifs. Mais les Juifs, fidèles à leurs traditions ancestrales, ni techniciens, ni ouvriers, ni paysans, ni soldats, continuent à ne rien produire par eux-mêmes : Ils occupent les postes politiques et administratifs. Des ingénieurs étrangers dirigent l'industrie ; Le barrage de Dnieprostroï est dû à un ingénieur américain.

La situation économique du pays est actuellement encore inférieure à celle du temps des tsars. Le tiers seulement de l'ancien réseau ferroviaire était utilisable en 1941 : Matériel roulant usé, réseau routier inexistant, locaux d'habitation à l'état de masures, produits manufacturés de prix très élevés, rares et de qualité médiocre. Malgré une intense mécanisation agricole, le rendement de l'hectare de blé a diminué ; Le cheptel est réduit de moitié.

La seule réalisation du bolchevisme fut celle d'une immense armée dont les soldats portent l'insigne de l'Étoile de Salomon, armée créée dans le but d'assurer par la Révolution mondiale la domination juive prophétisée par le Talmud.

> « *L'armée rouge,* disent les Soviets, *n'est pas une armée ennemie ; Elle est l'armée du Prolétariat international.* »

## LES SOVIETS PARTOUT

Maître de la Russie, le bolchevisme juif essaya de fomenter partout des révolutions pour constituer de nouvelles républiques soviétiques satellites. Dès la fin de 1918, les Juifs du mouvement Spartacus (créé par Liebknecht et Rosa Luxembourg) provoquèrent à Berlin des troubles sanglants.

En 1919, les Juifs, sous la conduite de Kurt Eisner, proclamèrent la République soviétique à Munich, renversée par une armée allemande après quelques semaines de brigandages et d'assassinats.

En 1919, le Juif Bela Kuhn, venu de Moscou, s'empare du pouvoir en Hongrie, institue les Soviets avec 18 Juifs commissaires du peuple sur 26. Il ordonne la saisie de tous les biens privés à Budapest, nomme des Juifs à tous les leviers de commande, fait souiller d'innombrables fillettes par des équipes de gamins juifs, chargés d'un nouvel enseignement sexuel. En cinq semaines, la bande juive dilapide ou expédie dans des banques anglaises les énormes fortunes, fruit de ses pillages. Toute activité économique est ruinée. Des patrouilles de terroristes conduites par des Juifs arrêtent et torturent. En province, le juif Tibor Szamuely, venu lui aussi de Russie, fait tuer avec une sadique volupté :

 « *Il faut, dit-il, qu'il coule assez de sang bourgeois (comprendre non-juif) pour que mon automobile roule dans le sang.* »

Au bout de 133 jours, des troupes roumaines marchant sur Budapest dispersent enfin les hordes rouges. Les Juifs s'enfuient, Bela Kuhn en Russie où il va torturer la Crimée.

En 1920, les Bolcheviks russes essaient vainement d'établir, par la force armée, les Soviets à Varsovie. Leurs troupes sont repoussées. Mais ils réussissent à s'emparer de l'Ukraine dont ils massacrent ou asservissent la population.

Parallèlement à leurs interventions armées et sous le couvert du Komintern de Moscou, les Juifs russes s'efforcent d'agir par l'entremise des partis communistes locaux qu'ils créent, dirigent et paient, avec le concours ouvert ou occulte des Juifs campés dans chaque pays.

L'Italie, désorganisée par cette propagande, fut sauvée par le fascisme mussolinien. Le même travail poursuivi en. Allemagne obtint, aux élections de 1932, six millions de voix communistes : L'Allemagne fut sauvée de justesse par Hitler et le National-Socialisme.

Un travail identique donna 400.000 voix communistes en Espagne aux élections de 1933. Le Trente Popular, animé par les communistes juifs, prit le pouvoir en 1936. Les Juifs del Vayo, Bela Kuhn venu de Russie, Rosenberg ambassadeur de l'U.R.S.S., Neumann, Guisberg, auxquels font cortège tous les Juifs du pays, d'autres spécialement accourus de partout et la lie de la populace ameutée par eux, pillent, incendient, assassinent dans toute l'Espagne et préparent pour le 1$^{er}$ août 1936 un coup d'État bolcheviste. Les Nationaux alertés purent les devancer et, après une guerre civile longue et meurtrière, éviter la soviétisation de l'Espagne. Mais 470.000 Espagnols furent massacrés par les hordes rouges, en dehors des combats.

Même au Brésil, l'influence russe parvint à déclencher, en 1936, une révolte marxiste dont les meneurs étaient tous juifs, entre autres Rosenberg, Gardelsrau, Gutnik.

LES JUIFS, PEUPLE DE PROIE

Cependant qu'en Roumanie, la juive Esther Lupescu, maîtresse du roi Carol, faisant supprimer le ministre anti-juif Goya et assassiner Codreanu, chef de la réaction nationale roumaine, et ses compagnons, préparait les voies aux révolutionnaires juifs.

Henri Faugeras

## en France

La paix de Versailles, après une guerre gagnée militairement par la France au prix de 1.500.000 morts, d'autant de mutilés et d'immenses sacrifices matériels, fut en fait l'œuvre des Juifs. Dès la fin de la guerre, le parti socialiste, animé par la Judéo-Maçonnerie, préconise une paix blanche sans indemnité et sans annexion et dépêche une délégation conduite par le Juif Louis Lévy pour recevoir, à Brest, le Président Wilson et lui confirmer que cette formule représentait bien le vœu le plus cher du peuple français.

Le Président Wilson, franc-maçon puritain, escorté de cent dix-sept Juifs (entre autres Morgenthau, Baruch Lévy et le célèbre colonel House, de son vrai nom Mandel), les Juifs anglo-saxons et même français (le Juif Mandel était alors le chef du cabinet civil de Clemenceau et le Juif général Mordacq — déformation du nom Mardechaï, Mardochée — chef de son cabinet militaire), imposèrent un traité qui devait achever la désagrégation et la ruine de l'Europe continentale épuisée par quatre ans et demi de guerre, et plus particulièrement de la France.

Pendant que règne à Genève une Société des Nations, œuvre juive, dernière étape escomptée vers la souveraineté mondiale d'Israël, les financiers juifs de New-York provoquent par un jeu concerté de fausses nouvelles, par la psychose de la peur, des catastrophes monétaires : Toutes les monnaies des peuples de l'Europe deviennent successivement leur proie.

Tout fut mis en œuvre par les Juifs pour paralyser le relèvement de la France accablée par tes suites ruineuses de la guerre, créer ainsi la misère générale et soulever révolutionnairement les masses pour la conquête du pouvoir. Le Gouvernement à leurs ordres refusa l'offre de l'Allemagne de se charger elle-même de la reconstruction de nos régions dévastées.

La campagne de Léon Blum sur « *la bonne Allemagne démocratique et républicaine* » — dont la Social-démocratie était contrôlée par les Juifs — amenait l'abandon de la Rhénanie et de Mayence ; Les plans Dawe et Young inspirés par les financiers juifs de New-York amenuisaient la créance de la France enfin définitivement abandonnée par Herriot (dont le conseiller intime était le Juif Israël), le même Herriot qui abandonne par la suite à Staline les 16.680 milliards de franc or des Emprunts russes.

Le parti communiste, entièrement dirigé et payé par les juifs de Moscou, mène le combat révolutionnaire. En 1935-1936, le journal *l'Humanité*, constitué antérieurement par douze Juifs, poursuit sous la signature du juif Lecache la désagrégation de l'armée et pousse les soldats à la rébellion.

En face des révolutionnaires, les partis nationaux sont maintenus en état de division par un La Rocque agissant sous l'influence des Juifs.

« *Des Israélites, écrit-il dans* le Flambeau, *nous en avons de très chers dans nos rangs.* »

Le Front Populaire, créé et animé par les communistes (et à travers eux par les Juifs de Moscou), porte au pouvoir en 1936 un ministère Léon Blum comprenant (ministres et attachés) 40 Juifs et 51 francs-maçons, leurs valets.

Pour la première fois dans notre histoire, un Juif, escorté par une bande de ses nationaux, est le chef officiel de la France.

A ses côtés, le Juif Jean Zay — le coryphée du drapeau torche-cul et le futur déserteur de 1940 — préside à l'Éducation Nationale, la Juive Brunschwig à la Famille, le demi-Juif Marx Dormoy invente le complot dit « *de la Cagoule* » et le demi-Juif Lagrange organise les loisirs du peuple.

L'activité particulièrement néfaste de Léon Blum, représentant politique éminent des Juifs et l'un des principaux artisans de la catastrophe de 1940, est mise en pleine lumière par ses actes de député et ses écrits de journaliste. Il a voté trois fois contre la Ligne Maginot, les 27 décembre 1929, 2 décembre 1930, 26 juillet 1931

Il a, chaque année, avant de devenir président du Conseil et belliciste antifasciste, refusé de voter les crédits militaires. Il a constamment préconisé dans ses programmes électoraux la réduction à six mois du service militaire, la suppression des périodes d'instruction, la réduction massive des dépenses militaires.

En mai 1932, il a combattu les crédits destinés à l'armement de la Pologne.

Il a écrit dans le journal *Le Populaire* du 28 octobre 1938 :

*« Je propose qu'on arrête tout net la construction du nouveau programme naval. »*

Cependant qu'il désarme la France, il prend position à contresens de toute politique française normale en Europe.

Le 10 mai 1931, il traite le roi Alexandre de Yougoslavie de « *Roi parjure et assassin* », et le 17 décembre 1931 de « *canaille couronnée.* »

Le 8 novembre 1932, il écrit qu' « *Hitler est exclu du pouvoir, même de l'espérance du pouvoir* », par les camarades sociaux-démocrates allemands.

Les 19 et 20 février 1935, il appelle les travailleurs parisiens à « *manifester leur haine* » contre le chancelier autrichien Schussnig, venu à Paris, et le qualifie de « *vulgaire assassin.* »

Les 6 et 7 octobre 1935, il se félicite des sanctions décidées par la Société des Nations contre l'Italie en raison des affaires d'Éthiopie.

Le 5 novembre 1935, il annonce « *l'effondrement du régime mussolinien.* » Le 13 février 1939, il écrit :

« *Non, non et non, la France ne reconnaîtra pas Franco.* »

Le 17 février 1939 il réclame l'affectation aux réfugiés espagnols marxistes des camps destinés à la concentration et à l'instruction des troupes françaises.

Et, pour couronner cette œuvre insane, ce Juif apatride, campé par hasard dans notre vieux pays gallo-romain, insultant à la foi millénaire de quarante millions de Français non juifs, fait écrire en avril 1940 par la rédaction juive du *Populaire* à ses ordres, que la fête chrétienne de l'Ascension est « *la perpétuation d'une sottise millénaire qui ne fait plus que sourire* » ; le même article déclarant que le Christ — qualifié de « *Gaulonide* » — « *tient à la fois du factieux et du visionnaire.* »

## Henri Faugeras

A partir de 1936, la campagne révolutionnaire juive redouble d'intensité dans une France dont la race, depuis 150 ans librement polluée par l'infection juive et les métissages sémites, déjà dégénère. Pendant que la politique gouvernementale asservie à une Angleterre elle-même aux ordres des Juifs, prend position contre l'Italie fasciste (affaires d'Ethiopie et des sanctions), contre l'Espagne nationaliste (envoi d'un énorme matériel de guerre aux marxistes espagnols), contre l'Allemagne nationale-socialiste (refus d'une entente sincère), toute l'économie du pays se décompose dans les grèves, les désordres sociaux, la ruine des finances publiques et des fortunes privées.

# GUERRE JUIVE DE 1939

Après avoir dégradé et désarmé la France, après l'avoir coupée de toute amitié européenne continentale, le Judaïsme estime cette fois — sous la pression des Juifs allemands matés par Hitler — le moment venu de jeter la France dans la guerre contre les peuples qui se sont libérés de son étreinte, d'user et de détruire les unes par les autres les armées et les économies de l'Europe occidentale, préparant ainsi dans tous les pays la Révolution intérieure communiste, pendant que la Russie, tenue provisoirement hors de jeu, arme formidablement dans le but de donner enfin aux nations combattantes épuisées le coup de grâce définitif et de fédérer l'Europe sous la domination juive au sein de l'U.R.S.S.

Au Congrès mondial juif de Genève en 1936, un grand rabbin de Riga déclare :

> « *Qu'il n'y aurait pas de paix dans le monde avant qu'on ait établi l'égalité des droits des Juifs avec les autres citoyens.* »

Ce qui signifiait en fait qu'il, fallait renverser en Allemagne le régime national-socialiste qui avait refusé cette égalité et donc lui déclarer la guerre. L'alliance israélite universelle, prenant la défense de Grynzpan, l'assassin juif du conseiller allemand von Rath à Paris, recueille 120 millions de francs pour lutter contre l'antisémitisme, en fait pour préparer l'opinion à cette guerre. Lors des accords de Munich, au cours d'un congrès de la Fédération de la Seine de la S.F.I.O., tous les Juifs du Parti Akoun, Hauck, Hermann, Mayer, Norvina, Louis Lévy, Zyromski, interviennent contre la paix. Le décret-loi du 21 avril 1939 contre la propagande antijuive, couplé avec le décret-loi contre la propagande pour le compte de l'étranger, interdit toute action permettant de dénoncer au pays la conspiration juive : Les livres de Céline, *Bagatelles pour un massacre* et *l'École des cadavres*, sont prohibés et Céline condamné par le tribunal correctionnel.

Lorsqu'enfin fut acquise et connue la déclaration de guerre faite à l'Allemagne par l'Angleterre et la France, toute la Juiverie de l'Univers battit des mains et l'on put voir jusque dans les ghettos de lointains villages hongrois les Juifs sortir de leurs taudis en habits de fête et célébrer ce jour faste comme un nouveau Pourim... cependant que, par toute la France, des millions de mobilisés, brutalement arrachés à leurs foyers, partaient au casse-pipes, ignorant tout du Juif et des machinations dont ils devenaient une fois de plus les absurdes victimes. Mais si les Français combattants ignoraient pourquoi ils devaient se battre, les dirigeants de la République, eux, ne se méprenaient pas : M. de Saint-Quentin, ambassadeur de France à Washington, déclarait devant le Conseil national de l' « *Union Palestine*

*Appeal* » qu'un des buts essentiels de guerre des Alliés était de rendre leurs libertés aux Juifs !

Tous les dirigeants politiques anglo-saxons et russes de la guerre sont juifs ou enjuivés : Winston Churchill est le petit-fils de la juive Jacobson-Scheidan, Anthony Éden est cousin du Juif Wiseman ; Staline, époux de la Juive Kaganowitch, est exclusivement entouré de Juifs (entre autres Molotow, ministre des Affaires Étrangères, Litvinow, ambassadeur à Washington, Maisky, ambassadeur à Londres). Roosevelt descend de Juifs hollandais, son ministre des Finances Morgenthau est Juif, et son ministre des Affaires Étrangères Cordell Hull est marié à la Juive Rosa Witz.

La guerre actuelle met en pleine lumière le jeu d'Israël. Les Juifs de la Finance anglo-saxonne (U.S.A. et Angleterre) ont rejoint les Juifs de Moscou qu'ils commanditaient déjà et tous ensemble mènent la bataille, jetant aux combats les armées des peuples mercenaires ou abusés, cependant que nos Juifs de France poursuivent à l'intérieur du pays la désagrégation nationale par tous moyens de propagande et d'action : communisme, gaullisme, anglophilie, activité anti-allemande, et accessoirement par la désorganisation du ravitaillement et le marché noir.

Dans le drame immense qui se joue à travers le monde, le problème juif est le problème central auquel tout se rattache, dont tout dépend. Le peuple juif, devenu l'ennemi héréditaire de tous les peuples, mène le jeu contre l'Allemagne et l'Italie, aussi contre la France. Le Juif Baruch Zuckermann, un des chefs du mouvement ouvrier juif, écrivait le 23 janvier 1941 dans un journal canadien :

« *Les Juifs se considèrent eux-mêmes comme une nation alliée à l'Angleterre.* »

Henri Faugeras

Face à ce peuple en état de guerre ouverte avec l'Europe, face à ces nationaux juifs campés en France et qui, du dedans, s'associent au combat, comment réagit l'opinion française ?

## On peut se tromper

— Comment, che fous dis de me beindre mes armoiries et foilà che que fous faites !...

— Bien sur ; vous me dites : une trompe sur fond de gueules... J'ai cru que c'était des armes parlantes que vous désiriez... fallait me prévenir que c'était une trompe de chasse !...

## L'OPINION PUBLIQUE ET LES JUIFS

───◆───

TROP de Français à l'esprit généreux, mais mal informés, croient que les Juifs sont des hommes comme les autres, et que, même en admettant la nocivité générale de la race, il existe de bons juifs et que ces bons juifs doivent être ménagés.

Non, les Juifs ne sont pas des hommes comme les autres. Seul de tous les peuples civilisés, le peuple juif est tenu par sa loi morale écrite dans le *Talmud* de pratiquer vis-à-vis des hommes qui ne sont pas de sa race la fraude, le vol, l'assassinat, et l'expérience millénaire des peuples a démontré l'universelle malfaisance de ce peuple maudit. Sans doute agit-il conformément à son instinct racial ; mais l'instinct de conservation qui mène l'homme lui commande d'abattre la bête de proie qui agit conformément à son instinct elle aussi sans doute, mais, embusquée dans quelque coin d'ombre, ne le guette pas moins pour le dévorer.

En n'hésitant pas à vouer aux massacres des champs

de batailles un nombre d'hommes supérieur et de loin aux 12 ou 15 millions de Juifs qui le constitue, le peuple d'Israël ne pourrait, après sa défaite, contester à l'Europe victorieuse le droit et peut-être le devoir de décider sa totale destruction. Et, d'un tel arrêt, on ne saurait exclure même les prétendus bons Juifs.

Il existe en effet un peuple juif animateur du judéo-marxisme contre lequel nous soutenons une lutte mortelle. Tous les nationaux de ce peuple sont solidaires : On ne peut faire entre eux de différence. Notre propre gouvernement — qui, dans toutes ses décisions, accepte si volontiers la théorie du bon juif — fait-il entre nous, Français de race, des différences quand il s'agit de nous imposer les restrictions et charges de toutes sortes nées de la guerre et de notre commune défaite ?

Comme conséquence de la guerre décisive que l'Europe doit soutenir victorieusement contre Israël, l'expérience de l'Histoire universelle impose l'élimination totale des Juifs, ou, seule alternative, l'acceptation de l'esclavage russe et par là de leur total pouvoir. Mais, en ce cas, nous pouvons être assurés du massacre préalable de toutes les élites, de toutes les classes moyennes, de tous les hommes qui n'ont pas des âmes d'esclaves, et nous verrions alors nos Juifs, même nos bons Juifs, — ces Juifs que notre imbécillité ménage et dont l'Étoile jaune apparaît à nombre d'entre nous comme une mesure de persécution attentatoire à l'ordre chrétien —, nous les verrions donner le signal du massacre, et, de la voix, du geste, de l'exemple, exciter nos assassins !

# CONCLUSION

À la lumière des faits exposés, le problème juif se présente en totale clarté :

1° Le Juif est l'ennemi né des autres hommes et le peuple juif est l'ennemi héréditaire des autres peuples ;

2° Après s'être rendu maître de l'appareil politique de l'U.R.S.S., de l'appareil économique des peuples anglo-saxons, le peuple juif veut par la guerre actuelle — où il a précipité une France vouée par lui-même au désastre — établir sa domination universelle, sous le couvert du judéo-marxisme, en abattant les peuples réfractaires à son dessein.

3° La France nationale doit considérer les Juifs campés sur son sol comme les sujets d'un peuple avec lequel elle est en état de guerre, armée et déclarée aujourd'hui, mais bien qu'occulte et sournoise, depuis dix-neuf siècles toujours réelle, continue, sans merci.

Tels sont les enseignements stricts de l'Histoire.

Après avoir crucifié le Christ, coupable d'avoir flétri l'ignominie de leur loi morale, coupable d'avoir voulu transformer la loi judaïque de haine en loi d'amour le Christ dont l'Évangile est devenu l'expression totale de la foi religieuse des peuples aryens —, le peuple juif, peuple de haine, d'orgueil et de proie, ferment destructeur de tous les autres peuples, poursuit, par la guerre actuelle et par la construction d'un communisme marxiste qui doit être la conséquence de sa victoire, la destruction définitive du monde chrétien. Et ce serait l'accomplissement du vieux rêve messianique, la revanche de Judas sur un Christ deux fois crucifié !

Mais dans cette lutte douloureusement fratricide où la fourberie des Juifs oppose sur les champs de bataille les uns contre les autres les soldats des peuples aryens, les Français, héritiers des anciens croisés, peuvent-ils ne pas se retrouver et combattre aux côtés des peuples que la haine même des Juifs désigne et consacre aujourd'hui comme les défenseurs véritables de l'ordre chrétien ?

### Quel est ce monument ?...

... *Que représente-t-il ? Telles sont les questions, que se posent les promeneurs des Champs-Élysées en regardant ce groupe adonné à l'annexe du Grand Palais.*

Le Figaro, 17 octobre 1937, page 3

# ANNEXE I

---

### « *LA GIGANTESQUE ORDURE, SOI-DISANT SCULPTÉE* »

L'Association des écrivains et des artistes révolutionnaires luttait pour que l'art sorte des galeries et accède aux places publiques. En 1933, l'année de l'accession au pouvoir du régime hitlérien, le sculpteur Jacques Lipchitz, membre actif de l'association, créa sa sculpture monumentale *David & Goliath*, en marquant Goliath d'une croix gammée nazie (« *svastika.* ») Jacques Lipchitz — de son vrai nom Chaïm Jakob Lipchitz, d'origine juive, né en 1891 en Lituanie — se présentait comme un ennemi déclaré du fascisme. Son *David & Goliath* traduisait, selon lui « [sa] *haine du fascisme et* [sa] *conviction que le David de la liberté triompherait du Goliath de l'oppression.* »

En 1936, le gouvernement français lui demanda de collaborer à la décoration du Pavillon des sciences du Palais de la découverte, à l'occasion de l'Exposition universelle de l'année suivante. Le sculpteur accepta la demande avec enthousiasme. Surtout pour l'argent que cela représentait.

En 1937, on installa son *Prométhée étranglant le vautour* avenue de Selves, au rond-point de l'avenue des Champs-Élysées, au dessus d'une des entrées du Grand Palais. Dans le cadre de l'exposition *Maîtres d'aujourd'hui* au Petit Palais, une salle fut consacrée à l'*artiste*.

Le *Prométhée* provoqua une discussion animée dans la presse. Le journal *Le Matin* se posait comme la voix des critiques de « *la gigantesque ordure, soi-disant sculptée* » de Lipchitz. Dans un article du 2 mai 1938, le journal décrivait la sculpture comme :

> « *Si nous avions un ministère de la propagande, comment s'y prendrait-il pour expliquer aux touristes étrangers visitant Paris l'épouvantable horreur que constitue la soi-disant sculpture, exposée dans les Champs-Élysées, près du Grand-Palais, et qui a la prétention de représenter* Prométhée et son vautour ?
>
> « *Le mieux serait de s'entendre avec les agences étrangères de tourisme et lorsque, par malheur, les cars s'arrêteraient devant le monstre, de faire tenir au guide un petit discours ainsi conçu :*
>
> « *Mesdames et messieurs, ne vous effrayez pas. Ceci est seulement un échantillon de l'art, tel que le conçoit le Front Populaire. On l'a placé à dessein près de pures merveilles architecturales qui sont ici près, afin de mieux faire ressortir par un contraste ce qu'est le goût français classique et ce qu'il deviendrait sous l'influence bolcheviste. Mesdames et messieurs, c'est une grande leçon de choses que vous avez sous les yeux...*
>
> « *Si le guide était Anglais, il ajouterait :* « God Save the french art ! » *Que dieu protège l'art français ! Et les touristes partiraient rassérénés...* »

> **A la suite de nos protestations l'abominable statue-navet des Champs-Elysées va quitter son piédestal**
>
> *C'est M. Georges Leroux, de l'Institut, qui l'a annoncé hier soir en remerciant Le Matin de son heureuse initiative au cours d'un dîner en l'honneur de M. Lemaresquier, élu à l'Académie des Beaux-Arts*
>
> En un de ces joyeux dîners mensuels où le menu se pare toujours des traditionnels haricots, l'Association des anciens élèves de l'école des beaux-arts, réunie au complet dans un restaurant du Palais Royal, sous la présidence de M. Sabatté, a fêté, hier soir, l'élection à l'Académie des beaux-arts du grand architecte Lemaresquier. Parmi les 250 convives, on remarquait les plus éminentes personnalités des arts, entre autres MM. Georges Leroux, Gasq, de l'Institut ; MM. Henri Royer, Descatoire, Boutron, Umbdenstock, Graf, etc.,
>
> A l'issue du dîner, M. Georges Leroux prit la parole et adressa, au nom de l'association, de vives félicitations au *Matin* pour la belle protestation qu'il fit dernièrement à l'occasion du scandale que constituait l'exposition en plein Champs-Elysées de cette horreur s'intitulant : *Prométhée étranglant son vautour*.
>
> — C'est la défense du prestige artistique de notre pays dont le Matin avait pris la généreuse initiative, ajoute l'orateur, et elle a porté puisque le ministère des beaux-arts a fait savoir qu'on allait procéder au déboulonnement de cette soi-disant statue.
>
> Malgré ce résultat acquis, la pétition déjà préparée circula de table en table et se couvrit rapidement de noms parmi lesquels nous relevons au hasard ceux de MM. Bréauté, Desruelles, Descatoire, Gasq, Mathieu, Émile Aubry, Henri Dubois, O. Guillonnet, Tournon, Lemaresquier, J.-G. Domergue, L. Jonas, Henri Royer, Charles de Bussy, Umbdenstochk, etc.

La campagne du *Matin* atteignit son objectif. Le 3 mai 1938, au cours d'un dîner donné en l'honneur de l'architecte Noël Lemaresquier, élu à l'Académie des Beaux-Arts, le peintre Georges Paul Leroux, membre de l'Institut, prit la parole et, adressa de vives félicitations au *Matin*.

Le 12 mai de la même année, *Le Matin* annonça qu'il avait reçu un message de deux personnalités importantes – l'architecte Alphonse-Alexandre Defrasse, membre de l'Institut et président de la Société des artistes français, et Victor Lucien Guirand de Scévola, président (depuis décembre 1936) de la Société nationale des Beaux-Arts – et déclarait que l'affaire serait bientôt réglée : « *En vue de faire enlever la statue, nous avons fait ce jours-ci une démarche auprès de M. René Gillion, vice-président du conseil municipal et de M. Brandon, député, conseiller municipal. Ceux-ci ont immédiatement posé par écrit la question au préfet de la Seine.* »

Trois jours plus tard, le 15 mai, *Le Matin* annonça en première page :

« *Enfin ! Prométhée a quitté son socle* ».

« À la suite des protestations du journal, auxquelles s'étaient jointes celles de Leroux, Defrasse et Guirand de Scévola, ainsi que « de nombreux artistes français », le préfet avait ordonné l'enlèvement de la sculpture contestée. Le 14 mai, on décapita Prométhée et on mutila le vautour, pour éviter qu'ils ne se cassent durant le transport ; puis on fit transporter les morceaux vers le mobilier national. »

Malgré les protestations véhémentes de Louis Aragon, Jean Cassou, Charles Lapicque, Jean Lurçat, Le Corbusier, et bien d'autres, la sculpture a été détruite peu de temps après.

# ANNEXE II

Le poème qui suit a été écrit en 1924 par Jean Zay, ministre de l'Éducation nationale sous le Front Populaire en 1936 ; hâbleur, comme ceux de sa race et déserteur de l'Armée française. Le 10 octobre 1940, condamné à la dégradation militaire et à la déportation perpétuelle. Assassiné par la milice en 1944. Et d'un !

*Ils sont quinze cent mille qui sont morts*
 *pour cette saloperie-là.*
*Quinze cent mille dans mon pays, Quinze*
 *millions dans tout les pays.*
*Quinze cent mille morts, mon Dieu !*
*Quinze cent mille hommes morts pour cette saloperie tricolore...*
*Quinze cent mille dont chacun avait une mère, une maîtresse,*
*Des enfants, une maison, une vie un espoir, un cœur...*
*Qu'est ce que c'est que cette loque pour laquelle ils sont morts ?*
*Quinze cent mille morts, mon Dieu !*
*Quinze cent mille morts pour cette saloperie.*
*Quinze cent mille éventrés, déchiquetés,*

## Henri Faugeras

*Anéantis dans le fumier d'un champ de bataille,*
*Quinze cent mille qui n'entendront plus JAMAIS,*
*Que leurs amours ne reverront plus JAMAIS.*
*Quinze cent mille pourris dans quelques cimetières*
*Sans planches et sans prières...*
*Est-ce que vous ne voyez pas comme ils étaient beaux, résolus, heureux*
*De vivre, comme leurs regards brillaient, comme leurs femmes les aimaient ?*
*Ils ne sont plus que des pourritures...*
*Pour cette immonde petite guenille !*
*Terrible morceau de drap coulé à ta hampe, je te hais férocement,*
*Oui, je te hais dans l'âme, je te hais pour toutes les misères que tu représentes*
*Pour le sang frais, le sang humain aux odeurs âpres qui gicle sous tes plis*
*Je te hais au nom des squelettes... Ils étaient Quinze cent mille*
*Je te hais pour tous ceux qui te saluent,*
*Je te hais a cause des peigne-culs, des couillons, des putains,*
*Qui traînent dans la boue leur chapeau devant ton ombre,*
*Je hais en toi toute la vieille oppression séculaire, le dieu bestial,*
*Le défi aux hommes que nous ne savons pas être.*
*Je hais tes sales couleurs, le rouge de leur sang, le sang bleu que tu voles au ciel,*
*Le blanc livide de tes remords.*

*Laisse-moi, ignoble symbole, pleurer tout seul, pleurer à grand coup*
*Les quinze cent mille jeunes hommes qui sont morts.*
*Et n'oublie pas, malgré tes généraux, ton fer doré et tes victoires,*
*Que tu es pour moi de la race vile des torche-culs.*

# TABLE DES MATIÈRES

Le Juif est au centre de tous les problèmes de l'heure ..... 5
Les Juifs chez eux et dans le monde antique :
    La race ........................................................................... 9
    La nation ..................................................................... 13
Les colonies juives du Proche-Orient ............................... 15
La religion et la morale ................................................... 16
Les Juifs chez les Aryens avant 1789 ................................ 19
La Judéo-Démocratie : La Révolution de 1789 ............... 25
Le Plan juif de domination universelle
    et ses grandes étapes ................................................... 31
La Judéo-Démocratie française ....................................... 37
Le Judéo-Marxisme .......................................................... 53
    En Russie .................................................................... 55
    Les Soviets partout ..................................................... 59
    En France .................................................................... 62
Guerre juive de 1939 ........................................................ 67
L'opinion publique et les Juifs ......................................... 73
Conclusion ....................................................................... 75
    Annexe I ...................................................................... 79
    Annexe II ..................................................................... 83

# Lisez aussi du même auteur

### ÉDITION ORIGINALE
*NON CENSURÉE*

——◦——

— Les mystères du Kahal —
Documents authentiques

La trahison et la corruption, principe et moyen de gouvernement.

——◦——

Ce volume est l'esquisse, à grands traits, de la tolérance des juifs, à travers dix-neuf siècles, à l'égard des chrétiens, spécialement des chrétiens français qu'il est de mode aujourd'hui d'accuser tous les jours d'intolérance à l'égard des juifs.

La tolérance — ou l'intolérance — des uns à l'égard des autres ressortira avec éclat, croyons-nous, de la situation faite aujourd'hui par une minorité d'environ cent cinquante mille juifs à une majorité de trente-huit millions de Français, catholiques à tous les degrés, pour avoir poussé la tolérance, il y a cent ans, envers ces étrangers, jusqu'à les admettre sur le pied de la plus stricte égalité, parmi les membres de la grande famille française. À la clarté aveuglante des événements contemporains, résultats inévitables d'un siècle d'expérience, une première conclusion s'impose : La France est perdue si elle ne brise à bref délai le réseau des tyrannies cosmopolites où elle étouffe et se débat dans les étreintes de l'agonie !

Broché : 282 pages

*Sur* Amazon Prix : 21 €

ISBN-13 : 978-1678563738

Retrouvez toutes nos publications
sur les sites

- vivaeuropa.info
- the-savoisien.com
- pdfarchive.info
- freepdf.info
- aryanalibris.com
- aldebaranvideo.tv
- histoireebook.com
- balderexlibris.com

Librairie Excommuniée Numérique CULUS (CUrieux de Lire des Usuels)

www.ingramcontent.com/pod-product-compliance
Lightning Source LLC
LaVergne TN
LVHW091604060526
838200LV00036B/996